U0839849

扬子第一窗口：南通
Nantong

中共南通市委宣传部　南通日报社 编著

中国青年出版社

（京）新登字 083 号

图书在版编目（CIP）数据

扬子第一窗口：南通 / 中共南通市委宣传部，南通日报社编著. – 北京：中国青年出版社，2008
(英雄中国大型系列丛书)
ISBN 978-7-5006-8430-5

Ⅰ.扬… Ⅱ.①中…②南… Ⅲ. 社会主义建设 – 成就 – 南通市Ⅳ.D619.533

中国版本图书馆 CIP 数据核字(2008)第 141528 号

作　　者：中共南通市委宣传部、南通日报社
总 策 划：张景岩
总 编 辑：续文利
责任编辑：李晓丽
装帧设计：瞿中华
出版发行：中国青年出版社
社　　址：北京东四十二条 21 号
邮　　编：100708
网　　址：www.cyp.com.cn
营销中心：010-84039659
编辑电话：010-84015594
印　　刷：北京方嘉彩色印刷有限责任公司
经　　销：新华书店
规　　格：700 × 1000　1/16
印　　张：16.25
字　　数：190 千字
初　　版：2008 年 9 月北京第 1 版
印　　次：2008 年 9 月北京第 1 次印刷
定　　价：68.00 元

“英雄中国”大型系列丛书
出　版　说　明

一九七八年，中国共产党召开具有重大历史意义的十一届三中全会，开启了改革开放的历史新时期。从那时起，中国人民开始告别贫穷，告别羸弱，在“振兴中华”的号角声中，阔步走上富民兴邦的光明大道。胡锦涛总书记在中共十七大报告中，全面深刻地论述了改革开放的伟大历史进程，将改革开放以来我们取得的一切成绩和进步的根本原因归结为：开辟了中国特色社会主义道路，形成了中国特色社会主义理论体系。

为纪念我国实行改革开放政策三十周年，贯彻十七大精神，中国青年出版社策划出版了“英雄中国”大型系列丛书，通过一组城市三十年的发展历程和新旧对比，反映三十年来中国改革开放的伟大实践，总结建设中国特色社会主义的经验，以科学发展观审视三十年来的改革开放道路，为解放思想、建设和谐社会提供经验。

“英雄中国”大型系列丛书的城市选择遵循以下原则：一、经过三十年的改革开放探索和实践，城市面貌发生了翻天覆地的变化，形成了独有的特色和发展模式；二、该城市在改革开放历史中具有典型性和推广意义；三、注意地区平衡和城市发展模式的多样性。整套丛书力求反映中国改革开放在各个层面的影响——从东部沿海改革开放的前沿，到西部民族地区、中部中原崛起的城市、东北和华北的老工业基地，本丛书都有其典型代表。

每本书主要围绕下列内容展开：一、改革开放三十年来的探索和实践历程。改革开放之初城市的社会发展状况，面临的机遇和挑战，以及治市方略（方针、政策、发展方向）的确立。重点描述该市的地区优势（核心竞争力、发展模式）的探索和形成过程，诸如其间发生的标志性事件，所做的重大决策，出现的代表单位或人物。地区优势的形成对社会其他方面的带动。二、城市特色和成就展示。该市特有的自然人文景观：政治、经济、文化、教育、体育、旅游、风土民情等方面的事物、景观、单位、人物、民俗等。

希望这套大型纪实文学丛书能够成为读者了解三十年改革开放伟大成就的媒介，成为一张张风格迥异的城市名片。

中国青年出版社

二〇〇八年八月

谨以此书献给

改革开放三十周年

长江“第一山”狼山

站在大江的北岸
年复一年
目光里望不断的浩渺烟波
迷蒙的梦里江南
想和虞山说一说话
波涛隔断了思恋的书简
只有江风知道我的心绪
万千话语托一叶过江的白帆
何日能够凌波一步到江南
让千年的梦想不再遥远

苏通长江公路大桥

第一根深深插入江底的桥桩
是江南和江北对话的开端
第一支高高矗立天空的索塔
是云彩和江水吟唱的琴弦
当造桥人的双手托起一条晶莹的玉带
静静地横卧在江面
江上的风从此有了一万种心情
江上的雨从此有了一万种联想
过江的风景从此多了一桥飞架
一桥飞架千里澄江如练

南通港鸟瞰

大自然给了这里延绵的江岸、海岸

大自然给了这里水深深浪轻轻的港湾

劳作的号子声中

南通港、洋口港、如皋港、吕四港……

崛起在昨日的芦苇滩

如星罗棋布、星汉灿烂

南通——中国的阿姆斯特丹

中远川崎制造的30万吨油轮下水起航

多少年涛声里听渔舟唱晚
渔火点点朦胧了江滩
多少年波浪中看渔舟入海
渔帆片片追逐着波澜
今天，宽阔的船坞里
焊花把朝霞连着晚霞点燃
今天，奔流的大江上
一艘艘巨轮驶向异国的海关
造船人造出的江魂海魄
壮丽了大海的风景、陆地的山川

城包水、水包城的濠河

大江在入海之前
依依不舍地打了个旋
把一捧清澈的水留在濠河
留在这执手相看的天上人间
河边的柳让人想起唐诗宋词
河上的桥让人想起魏碑秦篆
水让我的故乡钟灵毓秀
不是江南胜似江南
漫步水边仿佛漫步在绿色田园
坐在城市园林的怀抱里
享受生活的甘洌、岁月的悠远

日新月异的南通城

中国第一座博物苑
讲述着家乡昨日的历史
不断拓展的城市
拓展着家乡日新月异的今天
蓝印花布散发着泥土的芬芳
板鹞风筝放飞着翱翔的心愿
喝一杯家乡的米酒
品赏从古老的年代传来的甘甜
千杯不醉万杯不醉
只因杯杯浸透着对故乡的眷恋

外国游客亲吻赴京参加表彰会的“爱心邮路”邮递员

千里平原的江风海韵
记录着莫文隋、江海志愿者的深情无限
纯洁奔放的中国红
记录着第一个无红包医院的丹心一片
爱心邮路牵起了千家万户的欢乐
海安老师带给宁蒗山区爱的奉献
从通州钟楼走向世纪大道
生活总是站在向前的起点
文明的城市铺开一条鲜花盛开的路
每一扎鲜花都是一个春天

南通经济技术开发区一瞥

建筑铁军的足迹留在了东疆西域
东疆西域记住了当代的鲁班
南通家纺的绣品装扮了北国南方
北国南方亮丽了年轻的笑颜
一个个陌生的穷乡僻壤
递出了“Made in China”的名片
创造——写在这里的每一方土地
开拓——写在这里的每一寸蓝天
光荣和梦想
在一代又一代江海人的心中承传

2008年8月12日，南通籍运动员黄旭、仲满、陈若琳在第二十九届奥运会上夺金 ——新华社图片

如山的矗立，似鸟的飞翔

礼赞的是色彩斑斓的生命

如雷的激荡，似电的闪光

抒写的是催人奋进的诗篇

更高的向往更快的速度更强的力量

激励南通儿女

实现五连冠奥运夺金

故乡

就这样站在世界面前

长江、黄海、东海三水交汇处的圆陀角

大海以冉冉升起的旭日
迎接来自唐古拉山脉的大江
大江入海的地方
就是我千年生息的家园
江、海与土地的亲吻
绘就了一幅无边无际的画卷
天高地阔的襟抱，云蒸霞蔚的事业
和潮汐一道起伏着壮阔的波澜
浪花给她一往情深的祝福
旭日给她永远向上的企愿……

目　录

来孜孜以求的目标。南通的教师队伍“特别能吃苦，特别肯奉献，特别会钻研，特别讲团结”，是一支特别能战斗的队伍

162_ 把素质教育作为基础教育的核心来抓，是南通教育的一大亮点。整体优化，均衡发展，宏观调控，区域推进，优化师能，增强师德，德育为首，有效创新，是在实践中摸索出来并被实践证明行之有效的经验

167_ **第十一章　和谐的乐章**

168_ 围绕“住有所居”的目标，南通初步建立了全方位、多层次、广覆盖的城镇住房保障体系，率先在全国将廉租房制度扩大到城镇低收入家庭，保障水平居于全国领先地位

171_ 将城镇居民医疗保险和新型农村合作医疗制度逐步对接并轨，南通根据“普惠制”的原则，努力做到医疗保险全覆盖、无缝隙，让社会弱势群体共同享受改革和经济发展的成果

173_ 国家劳动和社会保障部于2007年12月在成都召开全国推进统筹城乡就业试点工作座谈会，作为大会主题发言城市，南通统筹城乡就业的工作经验引起高度关注

175_ 工伤保险实现社会全覆盖的过程，折射出南通劳动保障部门以人为本、因地制宜、务实创新、灵活有效的政策理念和服务理念

176_ 在大力构建和谐社会的进程中，南通率先探索

序
从会种田到会发展

江苏省委宣传部副部长　周世康

南通人很会种田。20世纪70年代末，曾听一位资深的农业专家感叹地说：南通，是全国少数几个复种指数最高的地方之一。一块田，一年之中，根据季节变化，又是轮作，又是间作，创造出数十个套种模式，能收获好几熟。当时，《新华日报》有位老记者曾写过一篇颇具影响的报道《一亩田的产出有多少？》就是夸奖南通人会种田。那时曾有一个说法：南通人用绣花的功夫种田。

30年过去了。会种田的南通人做出了什么，做成了什么呢？他们给了社会一个惊喜，也给了自己一份自豪——他们把一个即将全面小康的南通，奉献在世人面前。他们把高楼建到了雪域高原，他们把风力发电矗立在黄海之滨；他们把跨国公司引进家乡这块热土，他们在万里之外的非洲经营自己的床上制品；一艘艘航行大洋的巨轮在他们手中下水、起锚，百年期盼的“大学、大港、大桥”在他们身旁美梦成真；他们把“中国近代第一城”打扮得美丽而宜人居，他们又将无数各种风格与色彩的居住小楼装点在广袤的江海平原；他们为这个社会频送文明新风，他们又为解决前进中的问题创造新鲜经验；经济转轨他们转出了全面协调发展，社会转型他们转上了现代社会阶梯……

会种田，说明南通人很有内在潜力。这是学习与智慧的潜力，这是肯勤劳、能吃苦、坚忍不拔的潜力，这是综合各种变数（天气、土地、种子、肥料、工具、技术等）总体把握与判断的潜力，这是随时总结经验教训、尽量不在同一个地方犯同一种错误的潜力……但潜力能否释放，特别是能否在一个广阔的空间里释放，这常常不是由微观的个体所能决定的。是改革开放的大政策营造了一个大环境，这是一个激发活力与激情的大环境，这是一个让一切智慧和能力通向广阔天地的大环境，这也是一个发挥潜力所需要的各种要素能自由流动的大环境……南通人特有的禀赋与这样的环境一结合，就创造了当下南通的繁荣。

南通人面前的天地广阔了，但他们没有放弃种田，相反，他们更会种田了。江海平原上冒出了一个个专业村，一方方设施农业，一个个高效农业、现代农业基地……当告诉你出现了“一亩田的产出”达数万元的领先者，当告诉你现代设施农业一年所种已不是过去的复种指数所能描述，当告诉你在种田的综合变数中已增加了现在生物工程的新技术……这，几乎是在同时告诉你一个更深刻的变化：南通人的潜力在变化，在提高，在发展。改革开放，既充分释放了人的潜力，又在不断地培育人的新潜力。正是这个活力泉涌的社会，使南通人如鱼得水，使从日新月异的南通大地上走来的新一代南通人，抱负更大，潜质更高。

南通有座依傍滔滔大江的狼山，山不算高，但名播四海。山上有座广教寺，在禅寺的大门口有副对联：“长啸一声山鸣谷应，举头四顾海阔天空。”对联传神地写出了登临狼山之巅的所见所为所感，尤其是“海阔天空”四字，被人广为称道。海阔天空，是地理概念，南通依江傍海，正具有这样独特的区位优势；海阔天空，又可意指精神气质，比喻一个人的目光、胸襟与气概，南通人也正在全球化的背景下提高自己走向世界的能力。愿这种外在的优势与内在的努力相融合，走出一串更有力的足迹，使明天的南通更精彩！

引子

公元2008年1月19日下午。

北京钓鱼台国宾馆。

由中共中央党校《理论动态》编辑部和求是杂志社经济部主办的“南通现象”研究成果发布会在这里举行。全国人大常委会副委员长顾秀莲，中央军委委员、中国人民解放军总参谋长陈炳德上将，全国人大、国务院有关部门负责人，以及权威部门的20多位专家学者出席。

中央党校亚太经济研究中心主任、“南通现象”课题组组长王瑞璞教授介绍了“南通现象”研究成果。他说，近年来南通高举中国特色社会主义伟大旗帜，自强不息，奋力赶超，经济发展创下“南通效益”，体制改革创下“南通模式”，社会建设创下“南通特色”……成功走出了一条科学发展观引领下的跨越发展之路。“南通现象”突出的特点是全面，彰显的特色是协调，耀眼的亮点是持续。

“南通现象”课题研究组形成的调研报告《科学发展观引领下的跨越之路——南通市经济社会发展的调查与启示》，在《求是》杂志和中共中央党校《理论动态》上发表，引起各界的广泛关注。

南通，又一次吸引了国内主流媒体的眼球。

而在此前的2003年，精神文明“南通现象”入选首届全国精神文明建设十件大事；2004年，中宣部在南通举办了首届中国公民道德论坛；2007年，中央文明办专题总结推广了南通“以典型示范普及核心价值理念，以群体效应提升城市文明程度”的文明城市创建经验。

南通，以其解放思想，超越原有思维定式；侧重内涵，超越传统追赶模式；创新机制，超越常规工作布局，形成了又好又快的全面协调跨越发展的态势，引起了兄弟城市和专家学者越来越多的关注。

2007年，南通捧出一份骄人的成绩单：地区生产总值达2111.88亿元，一般预算收入达127.7亿元，跻身全国为数不多的GDP超2000亿元、财政总收入超300亿元城市行列；城市综合效益指数从2002年全省第六位上升至第一位；实际利用外资达31.17亿美元，在长三角城市中仅次于上海和苏州，跻身全国10强；个体工商户数持续保持全省第一，私营企业数及注册资本上升至全省第二位，成为全国第六个、全省第二个私营企业超10万家的城市；城市综合竞争力由2005年度长三角第十四位跃居第七位。在经济增长的同时，实现人口、能耗、环境污染3项指标持续负增长。

一系列的城市荣誉，更是让南通的知名度和美誉度迅速提升：4次荣膺全国科技进步先进市、全国双拥模范城；连续两次获全国社会治安综合治理优秀市称号；先后被评为全国创建文明城市先进市、国家环保模范城市、国家卫生城市、国家园林城市、全国首批科技强警示范城市；荣获跨国公司最佳投资城市、中国十佳和谐发展城市、中国城市管理进步奖、首届中国最美丽城市排行榜以及中国最佳休闲旅游城市称号，位居首届中国最安全城市排行榜全国地级市首位。2008年7月27日，中国社会科学院发布《2007—2008年全球城市竞争力报告》，公布了世界最主要的500座城市竞争力最新排名。这是一份由全球近百名学者和北京大学等高校近百名研究生历经一年多时间完成的权威报告，中国共有59座城市入选500强，江苏7座城市名列其中，苏州以218的排名成为“江苏老大”，以下依次为无锡（232名）、南京（240名）、南通（297名）……

南通，原先只是一座偏于“江东一隅”的小城，一个传统的农业大市、人口大市。正是改革开放，给她带来快速发展的历史机遇；也正是改革开放，使她迅速崛起，成为长江三角洲一座新兴的现代化都市，中国东海岸一颗璀璨的明珠，“扬子第一窗口”，名副其实的“北上海”。

2008年1月19日，“南通现象”研究成果发布会在北京钓鱼台国宾馆举行

第一章
神奇的土地

南通，古称静海、通州，一度又名崇川、崇州，位于北纬31度41分6秒至32度42分44秒，东经120度11分47秒至121度54分33秒。地处长江三角洲东北部，东临黄海，南靠长江，为江海交汇之处，有江海门户之称。南与上海、苏州隔江相望，西与泰州毗连，北与盐城接壤。属亚热带温湿季风区，气候温和，四季分明，水网贯通，物产丰富，有“崇川福地”之誉。

这是一片古老的土地，6000年前，就有先民在这里繁衍生息；这又是一片年轻的土地，数千年前，许多地方还是汪洋一片，最年轻的启东，不少地方只有百年的成陆史。

20世纪70年代青墩新石器时代遗址的发现，将南通地区的成陆史和人类活动的历史一下子上推了3000余年

对南通地区的历史起源，相关志书一般都从西周（公元前11世纪）算起，距今3000多年。20世纪70年代青墩新石器时代遗址的发现，将南通地区成陆史和人类活动的历史一下子推到6000年以前。

1973年8月，位于南通最西北端的海安县沙岗公社青墩大队为建居民点，在墩西开挖了一条纵贯全村、长236米的青墩新河。村民们在挖河时发现了大量的陶、石、骨器和麋鹿角、兽骨等古代遗物。1976年春，南通博物馆派人到青墩调查，采集、征集了一些出土遗物，其中有不少属于良渚文化的璧、琮、坠、环等玉器。而后，南京博物馆分别于1978年春和1979年春，对青墩遗址进行了一定规模的发掘，认定这是一处新石器时代的遗址。

进入新世纪，对青墩遗址的考古又有了新的进展。中国考古学会副理事长、故宫博物院原院长张忠培，国家文物局原副局长、国家文物局专家组组长黄景略，南京博物院研究

青墩遗址发掘

员、考古研究所原所长纪仲庆，江苏省考古学会副理事长、南京大学博士生导师张之恒，南京博物院考古研究所所长、江苏省考古学会理事长张敏等国内著名的考古专家，用发掘和考证的大量文物、资料，证明青墩遗址在江海文明起源乃至中国文明起源中的地位和作用。专家们形成的共识是："青墩新石器遗址是江淮东部地区具有很高历史价值的一个重要遗址。它的发现引起了考古界的震动，改变了考古界普遍认为新石器时代江淮东部地区无遗址的说法。它的发现把江海平原的历史上推了3000余年。由此可以说明，青墩遗址是江淮文明的起源。"

专家是这样描绘当年青墩先民的生活的：他们主要从事原始农业，使用磨制的石器种植稻谷等庄稼；他们畜养了狗、猪、羊等牲畜；他们采集果实、猎取麋鹿等野兽和捕捞鱼贝等，扩大了食物的来源；由于滨江临海，气候温湿，他们建造了像湘西吊脚楼那样的干栏式高架木屋居住；他们根据生活的需要，烧制了种类繁多且造型精美的陶器；他们还掌握了原始的纺线织布技术；到了晚期，产品渐有剩余，分工开始出现，也有了贫富差异，出现了陶和玉制作的礼器。文明的曙光照耀到黄海之滨。

青墩遗址有五大重要发现引起了国内考古学家的高度关注：

青墩遗址的第一大发现是"中华第一斧"。被考古专家们誉为"中华第一斧"的带柄

专家们在清墩遗址——江海文明起源论坛上交流

穿孔陶斧的发现，回答了考古学家们长期困惑的古人使用的石斧如何装柄的难题。近百年中国新石器时代的考古发掘与研究，能说明扁平穿孔石斧装柄方式及使用方法的实物资料，只有青墩带柄穿孔陶斧一件……正因为青墩带柄穿孔陶斧具有的完整性、科学性、独特性和唯一性，已被确定为国家一级文物（国宝），成为青墩遗址出土文物中最具科学价值、文物价值的珍贵文物之一。

青墩遗址的第二大发现是长江北岸最古老的“干栏式”木构民居。南京博物院考古研究所研究员纪仲庆先生认为，长江北岸发现五六千年前的“干栏式”建筑，在我国史前考古史上尚属首见。它对研究我国远古时期居民的类型、分布和演变具有一定的价值。

青墩遗址的第三大发现是亚太地区最早的回旋镖。回旋镖是一种用木料或兽骨制成的古老的狩猎工具，也叫“飞去来器”。2000年澳大利亚悉尼奥运会会标中运动员的手臂和双腿的造型由3个回旋镖组成，其内在涵义就是澳大利亚的土著民族常用回旋镖狩猎，以此来显示澳大利亚的土著文化。青墩遗址出土的回旋镖在我国尚属首次发现，可确定为6000年前的青墩古人所制造和使用，是目前亚太地区已知的最古老的狩猎工具。

青墩遗址的第四大发现是“成团成团的炭化稻谷”。这是长江北岸5000年前农业文明的证明。

青墩遗址的第五大发现是麋鹿角刻纹。专家认定这是易卦起源的初始符号。

这些重要文物，目前都保存在南京博物院。

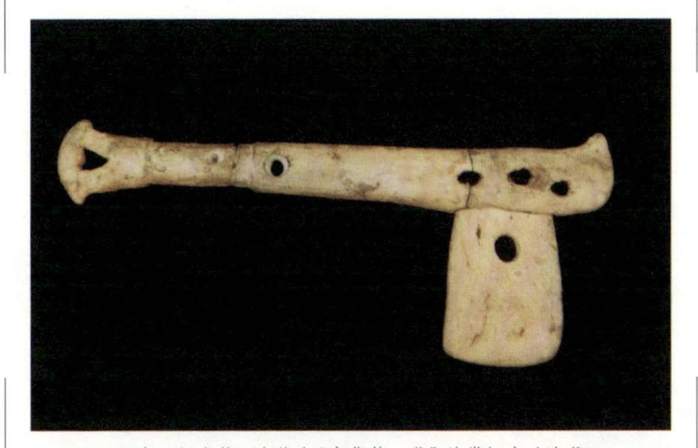
国家一级文物、被誉为“中华第一斧”的带柄穿孔陶斧

青墩遗址出土的二流陶壶

青墩遗址出土的碳化稻

青墩遗址出土的刻纹麋鹿角

存于南京博物院的青墩遗址文物

沧海桑田，用这个成语来形容南通这片既古老又年轻的神奇土地是最恰当不过的了

南通市所辖启东市寅阳镇的圆陀角，地处黄海、东海、长江三水交汇处，位于江苏省的最东部，是江苏省最早见到太阳的地方。站在圆陀角的海堤上，我们可以看到茫茫黄海上潮落即现、潮涨即逝的沙洲。在南通近海的海图上，密密麻麻地标注着许许多多这样的沙洲。渔民们在海上航行时最为当心和最要提防的就是这些大大小小、变化莫测的沙洲。

数千年前乃至几百年前，南通的许多地方就是这样的大海、这样的沙洲。由于潮涨潮落、海进海退，更由于浩荡长江裹挟着中上游地区大量的泥沙滚滚而来，大江和大海在长江入海口演绎了一幕又一幕沧海桑田的悲喜剧。大江和大海也就是在这样的潮涨潮落和海进海退中孕育了广袤的江海平原。

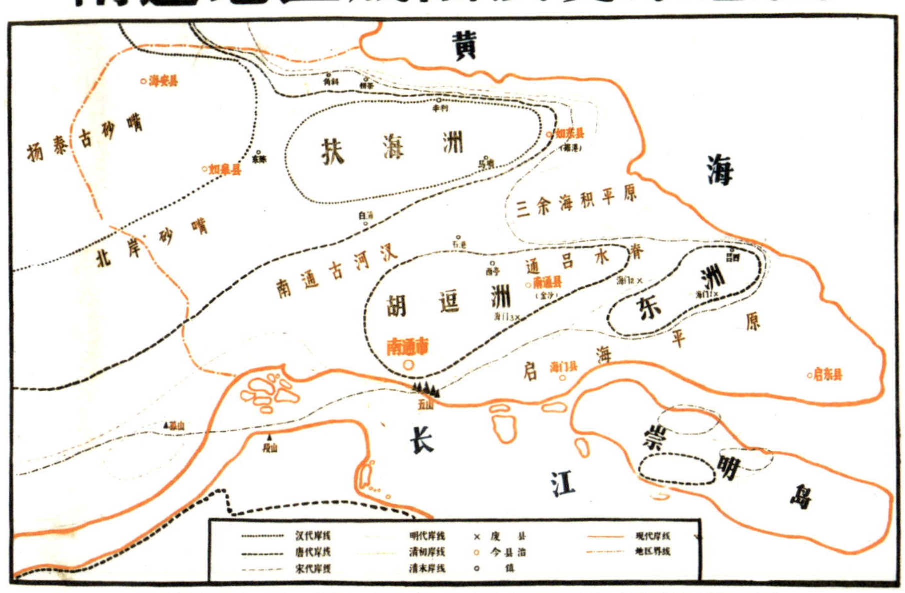

南通地区成陆演变示意图

距今约4000年前，海平面逐步上升，淹没了江淮的沿海地区。南通远古文明发展由

此中断。汉代，南通西北地区重新成陆。长江口形成扶海洲，大致在今如东县地域。六朝时，长江口形成了胡逗洲等江口沙洲，并逐步扩大。六朝后期，扶海洲涨接大陆。唐代，胡逗洲已扩大至今南通市区及通州地区。其东南即今启东、海门、崇明一带，还有东布洲、顾俊沙等沙洲。胡逗洲大致在五代时已涨接大陆。宋代，东布洲涨接大陆。宋天圣年间，东岸建捍海堤。元末至清初，东部海岸趋向稳定，但长江主泓北移引起江岸持续坍塌。江海岸线在清代变化很大，海门沿江一塌再塌，不得不五迁其县治。康熙年间，通州东部兴仁、观音山以东，至吕四一线以南，成为江域。清雍正、乾隆年间，这片原已坍没的地区又逐渐回涨成陆。东部范公堤外也涨成大片土地。

北宋政治家范仲淹（公元989—1052年），宋天圣元年（公元1023年）在泰州任西溪盐官时主持大规模兴修海堤，延伸至今海安县北部。后经通州知州狄遵、海门知县沈起等组织续修，形成了一条北起阜宁、南至吕四的长堤。“虹卧三州膏壤奠，鳌盘百里怒潮平。”为颂扬范仲淹的功德，后人统称之为“范公堤”。清雍正、乾隆年间，南通东南部原已坍没的地区又逐渐回涨成陆。江南移民来到这块“新地”上“斲木为耜，冶釜为犁”。经过几十年的开垦，海门重新成为“江海大聚”。乾隆三十三年（公元1768年），清廷在此设置海门直隶厅。龚自珍《海门先啬陈君祠堂碑文》记载和颂扬了这段开拓史。

南通境内沙洲的形成与扩展，吸引了大批的移民。他们起初从事渔盐业生产，继而农业也开始振兴。古代南通的经济由此逐步繁荣，居民聚落也随之出现。西晋末，中原地区发生战乱，北方民众大批南迁，海陵以东一带人口增加。晋安帝统治时期，这里设立过宁海、临江、蒲涛、如皋等县，后来又有海安县的设置。宁海县建于晋义熙年间，唐初废，其位置在今海安县东部、东台市南部一带。海安县始建县的时间史书中不见记载，南朝宋泰始七年（公元471年）已有该县，后来被废，8世纪初一度恢复14年，此后海安长期不设县。东晋义熙年间已有如皋县，隋朝该县并入宁海，南唐保大十年（公元952年）如皋才又设县，隶属泰州。

东晋设立的县存在时间不长，到周、隋两代多被裁废。这种现象与当年土地开发、人口增加的情况是矛盾的。很可能这些县遭江涛海潮侵蚀被毁，发生过南通历史上一次大规模的土地大坍塌，所以宁海、临江、蒲涛等县难觅故踪。

唐代，胡逗洲已得到开发，《太平寰宇记》说，洲“上多流人”。事实上，从南北朝到唐末，胡逗洲历几百年，盐业生产已具相当规模。这里的“流人”应为各方迁来的流民。也可能是唐末战争频繁，这里为沙洲，环境相对安定，其他地方的居民大批迁到这里定居，最终这里形成一种独特的南通方言。这种方言与其北边如皋的江淮方言、东边启海的吴语方言迥然不同。南通话的形成也与南通历史上曾是一个沙洲小岛密切相关。

千里沃土，依江傍海，旱能灌，涝能排，自古以来这里就被誉为“崇川福地”

“海带江襟淮锁钥，吴头楚尾越咽喉。”南通如同江海门户，成为江海防的前沿。唐乾符二年（公元875年），胡逗洲上有了狼山镇遏使的设置。唐末，今南通市区及周围地区称静海，长江口新涨沙洲称东洲。从公元907年起，东洲静海都镇遏使姚存割据这一地区，其子孙世袭统治，先后隶属于吴、南唐。后周显德五年（公元958年），南通建城，称通州。

古南通城模型

通州城之选址与始建，颇见匠心。它利用了沙洲发育过程中形成的众多水泊，加工成了环城的濠河，城内留池塘，开市河，形成为水城。州城面向五山之中峰狼山，形成自州衙直指狼山的中轴线。

古代南通城市布局属“方形丁字街”类型。《中国大百科全书·考古卷》有这样的记载：“城一般多做南北稍长的近似方形的平面，东、西、南城垣正中各开一门，城内开‘丁’字街，东西门之间的横街将城分成南北两部分，北部为衙署（或王府）、庙学所在，衙署

中国第一所师范学校——通州师范学校外景

居中，向南有大街通南门，南大街两侧为居民市肆，如……江苏南通的元明通州城，都是这种布局。”南通的这种城市格局一直保持到晚清期间，西、南、东3条大街向城外有所延伸。

南通气候宜人，雨量充沛，一马平川，沃土千里，河道纵横，通江达海，最适宜农作和人居。宋、元以后，由于远离国家政治中心，战乱较少，社会相对安定，民风淳厚朴实，南通地方经济社会持续发展，有“淮南道院”、“崇川福地”之称。

自古以来，南通就是风帆海道。汉唐以后，为便于海盐输出，逐步开通了运盐河。通州城利用自然水泊，开挖了濠河、市河。舟船是南通最普通的生产、交通工具，人们以此追江赶海，沟通南北。

南通滨江临海，自古以来就有渔盐之利。汉初，吴王刘濞割据扬州，通过“即山铸钱，煮海水为盐”，积蓄实力。唐代，南通一带设盐亭场，沿海沙地“煮盐为业”。此后，

堅苦自立 忠實不欺

光緒二十九年四月朔日開校以是二語勖勉諸生亦即生平彊勉自厲之所在也揭書於堂以為校訓 謇

通州师范校训

南通地区一直是我国重要的海盐生产基地。北宋时沿海一带遍布盐场，在今南通市范围内共有淮南盐场利丰监、海陵监所辖的14个盐场，年产盐48.9万石。明、清时期，这里共设12个盐场，年总产量最高达12万吨。

通州师范学校内景

南通地区的土壤、气候适合棉花的生长。明清时期，江海平原逐步成为重要的棉花产区，棉花不仅产量大，而且品质优良，成为重要的外销商品。手工棉纺织业随之兴起，清代南通已成为重要的土布产区。鼎盛时期，南通各种土布的年总产量在1000万匹以上。

南通自古就有崇文重教的传统。公元952年，如皋已设县学。公元980年通州始建州学。宋代始设书院，清代有书院14所，民间还建有大量的学塾。出生于如皋的宋代大教育家胡瑗，一生从事教育事业，卓越贡献为后人所称颂。

“欲国之强，必先教育。”近代南通在张謇、范当世、沙元炳、孙宝书、孙儆等一批有识之士的倡导下，创办了由近400所中小学组成的基础教育体系，以及以盲哑学校、女红传习所、纺织专门学校等为代表的特殊教育、职业教育、高等教育体系，将近代科学文化全面纳入到教育体系中，其中通州师范学校、纺织专门学校、盲哑学校、女红传习所、伶工学社的设立走在了全国前列。

从20世纪初期起，南通陆续创办了翰墨林印书局、南通博物苑、图书馆、更俗剧场等文化设施，进行普及科学知识、改良社会文化、革除旧习陋俗的工作。

“南派北派会通处”。近代南通吸引王国维、陈衡恪、江谦、沈寿、欧阳予倩、李桢等大批艺术家、学者及金沧江、特来克等数十名外国专家前来任职任教，创造了戏剧大师梅兰芳、欧阳予倩同台演出的佳话，沈寿绣品获世界博览会大奖的美誉。鲁迅先生的日本朋友内山完造称誉南通为近代“中国的一个理想的文化城市”。1920年，美国著名哲学家、

中国人最早创办的博物馆——南通博物苑全景

教育家杜威博士来到南通，并参观了博物苑。在随后发表的演讲中，他说，南通是教育的圣地，我希望这里能成为世界教育的一个中心。

20世纪初叶，因为一个人在这里进行的一个伟大的实践，这里曾被誉为“中国最进步的城市”和“模范县”

20世纪初叶，南通曾经一度引起国内外政治家、经济学家、社会学家和媒体的高度关注。1912年7月10日，日本驻上海总领事馆向日本外务省报告了南通“今日之发达”。1918年8月25日，美国马萨诸塞州的新贝德福德的《星期日旗报》以长篇文章介绍了南通的高等教育。1920年，中国当时最高层科学家和学者团体——中国科学社在南通召开第七次年会，与会的科学家对南通的发展深感惊异，称南通为“中国最进步的城市”。1921年底，上海海关税务司英国人戈登·洛德在向英国政府提交的《1912—1921年海关十年报告》中这样评价南通：“通州是一个不靠外国人帮助、全靠中国人自力建设的城市，这

是耐人寻味的典型。所有愿对中国人民和他们的将来作公正、准确估计的外国人，理应到那里去参观游览一下。”

这一切都源于一个人——张謇，源于他在家乡所全力推进的实业和教育救国的实践。

张謇，字季直，号啬庵。1853年出生于南通市海门常乐镇，1869年考中秀才，1885年顺天府乡试考中举人，1894年（光绪二十年）慈禧太后60寿辰设恩科会试，考中状元，授翰林院修撰。1904年，清政府授予他三品官

中国近代著名的实业家、教育家张謇

衔。1911年任中央教育会长、江苏议会临时议会长、江苏两淮盐总理。1912年南京临时政府成立，任实业总长，并任北洋政府农商总长兼全国水利总长。后因目睹列强入侵，国事日非，毅然弃官，走上实业教育救国之路。他开风气之先，以新科状元的身份，历经千辛万苦，在南通创办了大生纱厂等轻纺企业，继而又兴办通海垦牧公司，实行股份制和创办淮海实业银行，推行区域自治，兴办教育事业，建设新型的花园城市，锲而不舍地实现其“建设一新世界雏形之志”，创立了中国近代史上第一座公共博物馆、第一所师范学校、第一所纺织高校、第一所戏曲学校、第一所盲哑学校、第一所气象站、第一所刺绣学校等“诸多第一”，书写了中国近代轻纺工业的开篇，开创了中国博物馆事业的先河，南通因此成为当时闻名于世的“全国模范县”，实现了南通历史上的第一次辉煌。张謇先生致力于实业救国、教育救国，他提出的“父教育，母实业”的理念影响深远，为我国近代民族工业的兴起，为教育事业的发展做出了宝贵贡献，成为中国近代杰出的实业家、教育家。

毛泽东同志在谈到中国民族工业时曾说，讲到重工业不能忘记张之洞，讲到轻工业不能忘记张謇。胡适先生曾这样评价张謇：“张季直先生在近代中国史上是一个很伟大的失败的英雄，他独立开辟了无数新路，做了30年的开路先锋……造福一方，而影响及全国。”华中师范大学教授章开沅在《张謇感动中国》一文中说，如果要评选“20世纪感动中国的10位人物”，“我将毫不犹豫地提名张謇，因为他也曾经感动中国，而且其影响持续之久，事业经营之难，泽惠地区之广，都为时人所难以企及”。

大生纱厂码头

大生纱厂分厂

南通行政区划图

第二章 江海潮起

1978年12月18日至22日召开的中共十一届三中全会，被党史专家称为“新时期的遵义会议”，会议实际上形成了以邓小平同志为核心的第二代领导集体，最终完成了从“两个凡是”到实事求是，从“以阶级斗争为纲”到以经济建设为中心，从封闭和墨守成规到改革开放的历史性转变。

历史发展迂回曲折，社会进程踉踉跄跄。美好愿景的实现永远一波三折。

冰雪消融，迎来万物复苏的春天。

和风掠过，南通苏醒了。

迅速实现工作中心的转移，全市上下一心一意抓经济建设，南通在改革开放初期一跃成为全国“明星城市”

1978年的南通，和全国各地的情况差不多。十年动乱虽然结束了，但阶级斗争的弦还是绷得很紧，人们的生活似乎并没有多少改变，城乡居民的日子仍然过得很紧绷。

据政府有关部门的统计资料，1978年，南通职工人均年收入仅为446元，农村人均分配收入仅为98元。

渴望改变现状过上温饱生活的南通人，从党的十一届三中全会公报的字里行间看到了新生活的希望。

南通市委党校副校长、经济学教授姜作培，是1977年恢复高考后从农村首批考入东南大学经济学专业的大学生。姜作培后来对社会主义市场经济理论的研究颇有建树，有大量研究论文在国家核心期刊发表，出版了多部专著，是享受国务院特殊津贴的专家和江苏省有突出贡献的中青年专家。

姜作培说，当年报考经济学专业的考生最多，因为有着拳拳报国之心的学子，十分清楚历经磨难、百废待兴的祖国，最需要经济建设的人才。因此，当大家从广播里听到党的十一届三中全会决定将党的工作重心转移到经济建设上来时，曾激动得彻夜长谈。他和他的同学强烈地预感到，党的十一届三中全会是一个历史的转折点，中华民族伟大复兴的新时代开始了！

和全国人民一样，南通人很快感受到这种变化。

首先是1978年搞了几乎一整年、搞得许多干部喘不过气来的“揭批查”运动戛然而止。

接着，在不到一个月的时间内，南通市委和南通地委先后召开了为原南通市市长陈世魁等领导同志和为原南通地委书记周一峰等18位同志平反的大会。

而后是甄别和改正错划右派的工作和进一步落实对原工商业者政策的工作全面展开。

1979年的1月至3月，中共南通地委和南通市委分别召开各个层次的会议，学习贯彻党的十一届三中全会的文件，迅速把党的工作重心转移到经济建设上来。南通的各级干部和广大群众以空前的热情和务实的态度投身到社会主义现代化建设中去。

人们不会忘记，刚刚解放出来的老干部们，面对遭受“文革”肆虐、人心涣散、经济面临崩溃边缘的困难局面，面对贫困百姓那一双双充满期待的眼睛，是以怎样的胆略、怎样的眼光和怎样的魄力，忘我地投入到新时期的这场伟大的变革中去的。

谢克东，一位把毕生精力都奉献给人民的革命家，曾4次担任南通地区党政军主要领导人。1978年4月，他被省委任命为南通市委书记、革委会主任，兼南通地委第一书记、地区革委会主任，肩负着稳定局势和拨乱反正的重大责任。在他的主持下，市委和地委为一大批干部群众彻底平反，让他们重新走上了工作岗位。在他的坚持下，南通市委果断决定，下乡知识青年全部回城，由劳动部门统一安置就业。当时在全国大中城市中，南通是第一个这样做到的。能够如此体察民情，又有如此的魄力和务实精神，一时传为美谈。当时南通城乡和全国各地一样，问题成山，积重难返，市里和地区的许多事情都要“一把手”定夺。已近耄耋之年的谢克东，为了工作常常是夜以继日，废寝忘食。他常挂在嘴边的“抱着一颗红心来，不带半根稻草去”的话，更是教育和感染了许多干部。

陈世魁，1957年担任南通市副市长，1963年担任南通市市长。南通市主城区35米宽的东西主干道人民路，就是1958年在他的主持下拓宽建成的。就是这条路，“文革”时成为他的一大罪状，受尽折磨。1973年，刚刚“解放”出来，他就抱着十分虚弱的身体，主动请求筹备海港建设。含辛茹苦，奋斗几年，制订了在南通港建设11个深水泊位的规划。1976年他亲自担任海港建设指挥部总指挥，终于在1980年12月建成了两个万吨级泊位。其间，他又担任天生港电厂“一二五工程”总指挥，先后上马扩建两台12.5万千瓦机组，分别于1980年12月和1981年12月建成投产。这两大工程为南通经济恢复性发展和改革开放的起步奠定了坚实的基础。

正是由于像谢克东、陈世魁这样一大批德才兼备的干部在党的三中全会以后被“解放”出来，回到各级党委和政府的各个重要岗位上，南通才迅速实现了党的中心工作的转移，城乡经济出现了恢复性的全面增长。

贯彻执行中央关于国民经济“调整、改革、整顿、提高”的方针，南通把经济发展的着眼点首先放在大力发展轻纺工业上，并以技术改造为切入点，全面提高产量、质量和效益。

以纺织行业为例，南通从日本、联邦德国、荷兰、瑞士等国家引进了先进的阔幅印花设备，建成了南通第二印染厂。1979年5月，南通第一棉纺织厂2.7万锭半自动化新技术车间建成投产，达到当时的国际先进水平。1980年，南通第二棉纺织厂以补偿贸易的形式，从英国、新西兰等国家引进纺纱设备，建成了现代化的棉纺和毛纺工厂。1981年，南通第二棉纺织厂又用老厂的资金，从联邦德国引进了成套的涤纶长丝设备，建成了当时国内居领先水平的合成纤维厂。就这样，在改革开放最初的两三年时间内，南通纺织系统利用国家核准留下的外汇，先后从国外引进了纺、织、染共15条生产线，使生产能力大幅度提升，产品质量上了一个档次。

轻工业也开始引进国外的先进技术，掀起了技术改造的热潮。南通火柴厂是技术含量很低的微利企业，当时每生产一盒火柴只有4厘的毛利。厂领导组织全厂各车间班组的工人围绕降成本增效益的目标开展技术革新，把成本账核算到小数点后的第四位，计较毫厘，节约点滴，1981年全厂实现利润107万元，在原料木材、纸张大幅涨价的情况下，创造了一个奇迹。火柴厂计较毫厘创利百万的故事在工业系统传开后，全市又掀起了以提高经济效益为中心的增产节约运动的新高潮。

南通国棉一厂引进的生产线

一心一意抓经济的效果很快显现。1980年，南通市区人均工业产值达到10740元，人均财政收入2000元，人均住房面积5平方米，劳动就业率达到100%，主要经济指标和社会发展实绩在全国220个城市中名列前茅。

一心要把经济工作搞上去而埋头苦干的南通人，当时并不十分关注这些数据，也不知道其他城市的情况，只知道继续埋头苦干。

1981年9月，国家经委委员赵维臣来南通考察。当听了南通市领导的汇报和实地考察，了解到南通市区1981年人均工业产值将有望突破11000元时，他像发现了一个金矿，兴奋地说，你们是继常州之后全国第二个实现人均工业产值超万元的城市，而且连续两年突破万元，社会发展实绩也很不错，这个成绩了不得！赵维臣回到北京后，立刻写了一份南通工业迅速发展的调查报告，作为内部参考呈送中央领导同志。

1981年11月16日，时任中共中央总书记的胡耀邦在新华社《国内动态清样》上看到南通市（市区）工业经济效益跃居全国前列，成为继常州之后又一个人均工业产值超万元、人均国民收入超1000美元的中等城市的消息后，立即作出批示，加以报道，鼓舞全国有一个实实在在的你追我赶的劲头。

1982年2月，全国工业交通工作会议在天津召开。南通市作为中等城市的特邀代表，出席会议并被安排大会发言，介绍南通市技术改造情况。市长朱剑主要介绍了南通市技术改造的4条基本做法：结合行业发展规划，进行设备更新和技术改造；注意技术改造同工业调整、改组、企业联合相结合；努力采用国内外先进技术；立足自力更生，积极利用外资。朱剑还向与会的领导同志提供了一组数据：南通市1981年工业总产值比1978年增长43%，增长部分的80%以上是通过技术改造得来的。1979年至1981年3年中，国家给南通地方工业投资5400多万元，而南通上缴国家的积累达8.85亿元。

在大会发言前，当时在国家经委工作的朱镕基同志曾亲自来到南通代表住的房间里，逐字逐句帮助推敲和修改发言稿。朱镕基同志的全局眼光和踏实作风令人佩服和感动。这是朱镕基同志和南通第一次结缘。

1982年3月19日，新华通讯社播发了题为《南通市企业提高经济效益开创新局面》的报道，《人民日报》第二天在头版头条刊登了这篇报道。中央电视台、中央人民广播电台第二天也都作了详细报道。

一向不被媒体关注的南通，就这样一跃成为全国的“明星城市”。中央多位领导同志先后亲临南通考察，给予鼓励和鞭策；全国29个省、市、区数百个城市的代表团纷纷前来访问，了解学习南通工业起飞的经验；70多个国家和地区的外交官员、专家学者也第一次踏上这个陌生而新兴的城市，实地考察改革开放给中国城乡带来的可喜变化……南通从此拉开了第二次辉煌的历史序幕。

当时，国内各主要媒体的记者曾先后来南通深入采访，探究这个原先很不起眼的中等城市为什么会一跃成为全国“明星城市”的秘密。他们得出的共同结论是：三中全会以后，南通决策层的思想比较统一，工作中心迅速转移到经济建设上来，改革开放起步较快；南通地处长江三角洲，面向上海，背靠苏北，有很好的区位优势；南通轻纺工业基础比较好，恢复发展见效快。

这一切都成为巨大的精神力量，鼓舞南通人民更加一心一意抓经济，同心同德求发展。南通的经济建设和社会事业在改革开放初始出现的第一次飞跃，为后来的对外开放奠定了基础。

开发区光机电园

全力争取，终于被国家列为首批对外开放的14个沿海港口城市之一，南通赶上了改革开放的头班车

1984年1月22日至2月15日，中国改革开放的总设计师邓小平先后视察了广州、珠海、厦门和上海。回到北京后他发表重要谈话，充分肯定了开放和建立经济特区的工作，并明确指出，除现在的特区之外，可以考虑再开放几个港口城市，如大连、青岛。这些地方不叫特区，但可以实行特区的某些政策。我们还要开发海南岛。根据邓小平同志谈话的精神，中央书记处、国务院于3月下旬召开了沿海部分城市座谈会。

1984年4月7日早晨6点30分，中央人民广播电台在新闻节目里播发了一条重要消息：中共中央、国务院决定，上海、天津、大连、秦皇岛、青岛、烟台、连云港、南通、宁波、温州、福州、广州、湛江、北海等14个沿海港口城市进一步对外开放。

当听到南通名列14个沿海开放港口城市时，南通广大干部和群众奔走相告，欢呼雀跃，兴奋之情溢于言表。尤其是那些天常常彻夜不眠的市委、市政府的领导同志更是激动万分，感慨万千。他们心里最清楚，南通能够争取到第一批对外开放，真是来之不易啊！

原来，党中央和国务院初步确定的首批对外开放的沿海港口城市中并没有南通，主要是有的领导同志认为，南通地处沿江而非沿海城市。南通市的领导获悉后真是心急如焚，立即分赴南京和北京向有关领导同志“游说”。从著名实业家、教育家张謇早年就引进外国设备和人才兴办实业，到改革开放后发展迅速，成为全国明星城市，有对外开放的良好基础；从南通濒江临海，地市合并后有数百公里的江海岸线，沿江有可建万吨级以上深水泊位岸线30多公里，沿海拥有可建5万吨级以上深水泊位岸线40多公里，到南通港已建成两个万吨级泊位，并已对外开放；从南通的许多企业实际上已经“两头在外”，已办起一批合资企业，到南通处于长江和黄海的交汇处，有很大的腹地；等等。

恳求而充满信心，焦虑而志在必得。

今天翻阅《南通市志》，我们可以看到这样的记载：

1982年11月19日，全国人大常委会第二十五次会议批准南通港对外籍船舶开放；

1983年5月24日，南通港对外开放后接待第一艘外国轮船——格陵兰海号巴拿马籍货轮；

1983年7月20日，经国务院批准，南通市对外国人开放；

1983年10月13日，南通江海经济发展公司成立，市委、市政府的意图是，公司以深圳、珠海两个特区为基地，开展内联外引经济联络活动；

1983年11月，狼山港2.5万吨杂货码头建成投产；

1983年，南通全市已有330种产品销往五大洲89个国家和地区，在全国综合商品出口基地中位居第五；

1984年3月，中共南通市委、市政府建立对外进一步开放筹划领导小组，随后赴上海、宁波学习对外开放的经验；

……

南通濒江临海，两头在外，渴望开放；南通人为对外开放已经做了很多很多的准备。

当然，在关键的时候，省委、省政府领导同志直接向中央领导同志的请示汇报起了关键性的作用。南通终于赶上了改革开放的头班车！

邓小平同志后来在党内一个高级干部会议上曾风趣地说，他1984年办了两桩大事，一桩是用“一国两制”的办法解决香港问题，另一桩就是开放14个沿海城市。

这以后的几年，南通上上下下一门心思做好对外开放的工作，主要抓了两项：一是国家经济技术开发区的规划建设，二是招商引资工作。南通的经济社会建设由此开创了一个全新的局面。

1986年11月，时任中共中央总书记的胡耀邦同志在江苏省委副书记、省长顾秀莲等的陪同下，考察了南通，重点考察了沿海滩涂和南通港。市委书记朱剑、市长张佑才等向总书记汇报了南通的工作，并陪同考察。

1958年4月，时任中国共产主义青年团中央委员会第一书记的胡耀邦第一次到南通视察，曾引用狼山顶上的一副对联“长啸一声山鸣谷应，举头四顾海阔天空”，鼓励广大青年解放思想，拓宽眼界。看到南通的变化和改革开放的喜人局面，总书记欣然题词，勉励南通“面向世界”，努力建设成为“扬子第一窗口”，勉励“南通港口通天下”，并号召江苏沿海人民“向滩涂要宝”。

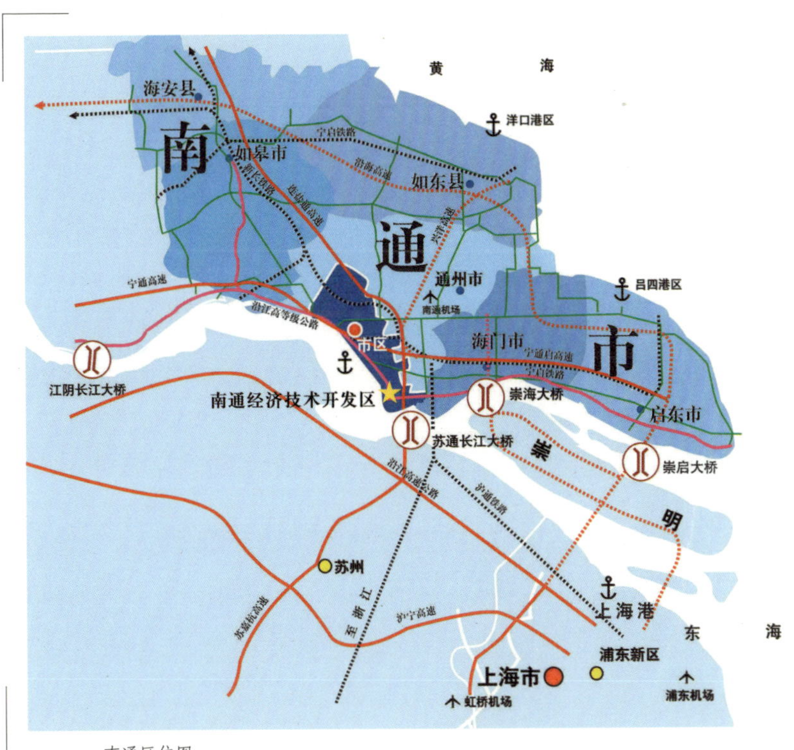

南通区位图

第三章
走出家园闯天下

中国的改革是从农村开始的。而农村的改革则是从包产到户、包干到户的“大包干”开始的。有专家后来总结说，改革之所以能从最广大的农村开始，是因为“文革”结束以后，农村是中国经济最薄弱的环节。最薄弱的地方，也是改革动力最大、阻力最小的地方。历史学家黎澍曾经论述过，历史是人民和英雄共同创造的。中国农村改革的成功就是明证。

1979年2月，南通农村开始清理“左”的错误，实行生产责任制。在随后的几年里，绝大多数生产队都实行了联产承包责任制。时任南通地委书记的王益众和时任地区行署专员的姜祝三，带领地委、行署一班人全力抓好农村工作，保证了党在新时期农村工作方针政策的贯彻落实。联产承包使农村的生产力得到解放，也使广大农民从土地上解放出来。

最早走出家园闯天下的南通农民不怕吃苦，钻研技术，干起了别人不愿干的泥瓦匠和木匠活，离乡不离土，掘得了第一桶金

南通市港闸区陈桥乡的王勇华是地道的农民，后来虽然到乡建筑公司做瓦工、做工程队长，跟着大部队南征北战，但农忙都要赶回家帮妻子忙活一阵子。他对联产承包把农民从土地上解放出来体会最深。他说，过去在生产队干活，什么都要听上面的，天天要出工，人累坏了不说，庄稼也被折腾得够戗。忙活了一年也忙不出钱来，大家捆在一起受苦受穷。后来承包了，种一熟也就忙那么几天，不但产量上去了，人也轻松了许多。他就是实行联产承包那一年出去做瓦工的。在家种田的妻子平时闲得慌，先后干了许多副业活儿，也挣了不少钱。如今，王勇华家盖了几百平方米的楼房。自己搞了一家建筑公司，由女婿当家，他则“退居二线”，公司办得很红火，日子过得更红火。

王勇华一家是南通郊县许多农民走出家园闯天下，生活发生巨大变化的写照。

1978年，我国农村人口占总人口的比重为82.1%，城市人口的比重仅为17.9%。南通虽处于经济发展较快的沿海地区，但由于是一个农业大市，又是一个人口大市，当时城市人口的比重甚至还低于全国的平均水平。700多万人口中，有600多万是农民。

发达国家的经济社会发展历史和我国改革开放的实践都表明，现代化必须走工业化和城市化的道路。城市化又是推动经济结构调整的突破口。在西方一些发达国家，当年推进工业化和城市化，主要靠野蛮的圈地运动，把农民赶离家园。在中国，要实现现代化，要逐步调整一、二、三产业的比重，同样要走工业化和城市化之路，要大幅度地减少农民。与西方国家当年不同的是，我国大多数农民是自己把自己从土地上解放出来，成为打工者，又逐步成为工人和市民的。南通更是如此。由于人口密度大，人多地少，人均不到一亩耕地，更由于南通人有聪明肯干能吃苦和敢于闯荡的传统，在改革开放初期就有大批的农民在乡间能工巧匠的带领下外出打工挣钱。

“荒年饿不煞手艺人”。过去南通民间的“五匠”中，以木匠、瓦匠居多，普通老百姓为了生机，大多希望子女学一门手艺。20世纪20年代，拿着砖刀、墨斗的南通泥瓦匠就开始走南闯北，身影出现在全国各地建筑工地。建筑大师、启东吕四人陶桂林是他们中的杰出代表。他做过学徒，当过监工，后来在上海创办馥记营造厂，承建了久负盛名的上海国际饭店、广州中山纪念堂、南京中山陵三期工程。张謇先生当年不仅亲自主持南通的城市建设，而且有意识地培养南通自己的建筑设计师孙支夏。“近代第一城”的许多中西融合的优秀历史建筑，就是孙支夏主持设计建筑的。

新中国成立后，泥瓦匠成为新社会的建设者。1952年，南通市营建筑公司成立，后更名为南通市建筑工程公司。数千名瓦木工、油漆工承担起南通、松江、盐城三地的施工任务。200多名建筑工人用十几个月的时间就建成的南通市劳动人民文化宫，至今仍屹立在濠河之滨。

20世纪50年代末，南通市建筑工程公司派遣建筑工人赴京参加人民大会堂、军事博物馆、民族文化宫等首都十大建筑建设。让老一辈建筑工人难忘的是，1958年5月，刘少奇主席、周恩来总理在人民大会堂建设工地上亲切慰问了南通建筑工人。此前的3月27日，《人民日报》在头版报道了南通市建筑公司政治和经济拧成一股绳、勤俭办企业的消息，并配发社论，号召全国学习南通建筑公司。当年8月16日中央发文，向全国推广南通建筑公司“干部参加劳动、群众参加管理和开展技术革新运动”的先进经验。全国建筑业兴起了“学南通、赶南通”的热潮。

“文革”结束，百事待举。建筑任务越来越多。而随着联产承包制的实施，大批农民

建于1952年的南通市劳动人民文化宫

从土地上解放出来，急需寻找出路。南通地委和南通市委因势利导，全面组建集体所有制的建筑公司，在农村招兵买马，外出承担建筑施工任务。

在南通，说起建筑铁军，业内人士都要由衷地提及王敏之的名字。王敏之当年是南通地区行署副专员，正是在他的筹划和努力下，海门、启东、南通等县组建了以农民为主的建筑队伍，学习解放军，以民兵建制，首先打进大庆油田和克拉玛依油田。

位于祖国北疆的大庆，有半年左右的封冻时间，只有半年时间可以施工。1979年，南通建筑民兵在大庆共有40个连8108人，另有4000人在大庆烧制红砖。建筑民兵同时在17个点承建115幢共计37万平方米的住宅楼，当年3月破土动工，到11月底竣工面积达到99%。11月8日，大庆召开万人大会，表扬南通建筑民兵“敢打敢拼，坚韧不拔”，“创出了大庆历年来矿区建设上最快的速度，创造了大庆历年来矿区建设上第一等的工程质量”。“大庆有铁人，南通有铁军”的佳话，开始在祖国大地上传扬开来。

1979年3月，南通还派出启东、南通、如皋、海门、海安5县建筑民兵4000余人进入克拉玛依油田，全年施工12.75万平方米，承担了土建、上下水、暖气、电气、通风以及混凝土构件预制、红砖烧制、砂石料生产等任务。施工队伍3月中旬陆续进场，10月前基本完成当年任务。1980年，南通地区派出建筑民兵6500人赴克拉玛依油田和乌鲁木齐，承担施工任务26万平方米，并开始实行以连队为核算单位，自负盈亏，多劳多得，又在大西北赢得了“建筑铁军”的美誉。

从躲在国营的夹肢窝下，到集体，到民营、股份制，南通铁军如今已拥有60万精兵强将，从大江南北走向世界各地，建筑业如今已成为南通的支柱产业

在广大农民走出家园闯天下的历史进程中，南通的乡镇建筑企业迅速发展起来，全市形成全民和集体两种所有制，国营、县集体、乡镇3支建筑队伍，市内、市外、国外三大市场。南通市成立建筑安装工程总公司，在市区、6县和郊区分设8个分公司，统一组织、

统一指挥、统一管理、联合经营。对外施工则采取灵活的经营方式，或由总公司出面，试行总分包责任制，或由分公司承包，组织工程队统一经营，分别核算，或由几个分公司联合承包，对内各计盈亏。按照开放式、专业化和社会化的要求，南通建筑业还大力推进横向经济联合。乡镇建筑企业大力实施改革，实现企业经理负责制和以工程项目为对象的承包制，确立了经理在生产经营中的地位，职工与企业利益共享、风险共担，涌现出一批建筑业发展快、经济效益好的县（市）和企业。启东县惠萍、南通县新华、海门县厂洪3个乡建筑站与泰兴县城北、江都县张纲乡一道，在20世纪80年代被誉为江苏集体建筑企业的“五朵金花”。20世纪90年代中期，南通、启东、海门和海安县先后被江苏省人民政府授予“建筑之乡”称号。

即便是在20世纪末，面对亚洲金融危机和国内洪涝灾害的影响，在建筑市场竞争十分激烈的情况下，南通建筑业在转型中仍获得长足发展，初步形成以智力密集型的总承包企业（集团）为龙头、以高资质的技术密集型的独立承包企业为主体、以工程专业分包和劳务企业为依托的产业大军。

在全市各行各业中，建筑业最先走向市场。经过多年磨炼，“南通铁军”已形成以同一地域名称冠名的强势企业群体，并成为中国建筑业最有价值和最著名的品牌之一。全市拥有建筑施工总承包特级资质企业15家，一级企业72家，特级资质企业超过全省总数的一半，员工有60万之众。全市建筑经济总量的70%集中在高资质企业，“十五”期间每年承建的高层建筑都超千幢，设备安装、地基基础、装饰装潢、玻璃幕墙、钢结构以及房地产开发等专业类一级资质企业发展到21家，建筑队伍遍布全国31个省、市、自治区。境外市场队伍也涉足46个国家和地区，主要集中在中东、非洲、东南亚、俄罗斯等国家和地区。出境施工人数近2万人，占全市外派劳务的约60%。

20世纪80年代，“南通四建”援藏，一年之内完成了拉萨饭店、拉萨机场宾馆、拉萨少年活动中心、拉萨客运站、自治区医院门诊楼等5项工程共7.5万平方米的建设任务，被西藏人民誉为“高原铁军”。拉萨饭店夺得南通建筑业第一个“鲁班奖”。此后，南通铁军不断问鼎“鲁班奖”，至今，全市已获得代表中国建筑业工程质量最高荣誉的“鲁班奖”49项，超过江苏全省一半，居全国地级市之首。

在当年的援藏铁军中，有一个23岁的小伙子，刚刚从学校毕业不久，就来到世界屋脊，用尚显稚嫩的肩扛起了技术副主任的重任。高原缺氧、技术难题，一个个困难袭来，都没有压垮他。为了推敲施工方案，他熬过了许多不眠之夜；为了使工程如期完工，工友们都回家过年了，他仍留在空气稀薄、远离家乡的西藏坚持工作。在一年多的时间里，他和他的同伴们建起39783平方米的拉萨饭店。这个青年，就是如今的南通四建集团董事长、

位于新城区的南通体育会展中心（右为全国首个开闭顶体育场）

南通体育会展中心夜景

党委书记耿裕华。

沈良兵，南通建筑铁军的一位领军人物，江苏江中集团董事局主席、党委书记。沈良兵拥有令人羡慕的光环，全国劳动模范、全国“五一”劳动奖章获得者、建设部劳动模范……熟悉他的人都知道，他只是从田野上走出来的千千万万建筑铁军中的一员，他见证了南通建筑业的壮大、腾飞的历史，他也是书写这段历史的千千万万建筑铁军中的一员。

陈锦石，南通铁军又一位领军人物，全国“五一”劳动奖章获得者。他是来自张謇先生家乡海门市常乐镇中南村的一个青年农民。1988年，他自筹5000元资金带领村里20多农民组建一支施工队，远赴山东东营，踏上创业之路，如今已成为颇具规模的中南集团公司的董事长。集团拥有建筑、房地产、机械等多元化产业，有26个子公司和一个体育产业公司，现有员工2万余人，有博士4人、硕士34人，2007年实现产值92.2亿元。从集团近年两个大手笔，就可以看出陈锦石的魄力和企业的实力：一是买断了南通新区中央商务区总建筑面积约250万平方米、总投资约120亿元的整体开发权，投资、建设、经营了中国第一个开闭式体育会展中心，开创了民资建设、市场化经营管理公共服务设施的先例。二是收购了北京城建集团下属的地铁地基市政工程有限公司。

如今的南通建筑铁军，拥有具有尖端技术和创新能力的建筑业科技专家队伍，拥有业

由南通四建建造的西藏拉萨饭店——江苏第一块鲁班奖（1988年度）

务精湛、本领过硬的技师和高级工队伍。2007年2月8日，省政府授予南通市“建筑强市”称号，授予通州、海门、启东、海安、如皋市“江苏省建筑强县（市）”称号，授予如东县“建筑之乡”称号。全市有11人被省政府表彰为江苏省建筑业有突出贡献的企业家。南通建筑业实现了由大向强的嬗变。就在这一年，南通建筑业完成总产值1300亿元，施工面积1.6亿平方米，又攀登了一个新台阶。

2008年5月，在汶川大地震发生后的几天里，南通建筑铁军的身影就出现在四川抗震

建筑之乡

救灾的第一线。在为灾民搭建临时活动板房和随后的重建家园中，南通建筑铁军又立下新功。2008年6月21日，江苏省委书记梁保华、省长罗志军视察江苏对口援助绵竹安置房施工现场时，盛赞“南通铁军”急灾区人民之所急，想灾区人民之所想，解灾区人民之所难，不怕疲劳，连续作战，建设进度快、质量好、配套全，是一支能打硬仗、善打硬仗的队伍。6月22日，中华全国总工会还授予南通援川建筑铁军全国抗震救灾重建家园“工人先锋号”的旗帜。

南通建筑铁军在四川绵竹开展援建工作

根据“十一五”规划，围绕打造全国一流建筑强市的战略目标，到2010年，南通建筑业规模要大幅扩张，总产值力争达到2000亿元。在这个历史进程中，又将有一大批青年农民成为勇于担纲和善于开拓的企业家和技术专家。

南通各地农村通过兴办民营企业和向外转移等途径，共向二、三产业转移农村劳动力200多万人。走出家园闯天下，闯出了全国最大的家纺城、“中国电动工具第一城”……

叠石桥，是海门市三星镇与通州市川港镇交界处一条小河上的一座小石板桥。据老人们回忆，这座叠石桥已有160余年的历史。

在三星镇召良村，88岁的杨锦刚老人还清楚地记得1947年重修叠石桥的事。那年，由于年久失修，桥上的石板断裂，已不能走人。杨锦刚当时在父辈的砖窑上干事。烧好的砖要运到川港镇上非要走这座桥不可。于是，杨锦刚和父亲、伯父等人与川港镇上的几家大户商量，捐了19担元麦，决定修桥。杨锦刚父子捐得最多，共捐了6担。他们请来20多位工匠，买来3块长石板，架在河两边用石片叠起的桥墩上，东西两边各用3块小一点的石板作引桥。如今，小桥已不复存在，但以叠石桥命名的绣品市场，却成了全国最大的闻名海内外的绣品城。而与之紧相邻的通州市川港镇办的志浩面料市场，也发展成为国内最大的家纺市场。

说起这两个市场，还要追溯到改革开放初期。

海门的三星镇和通州的川港镇都属于经济作物区，自古以来农家普遍种植棉花。棉织制品和绣品成为方圆几十里农民家庭手工业的传统产品。家家户户嫁女儿都要陪嫁几床甚至十几床被子和十几双鞋子。心灵手巧的姑娘大嫂都擅长绣花。床上绣品曾是这里小有名气的传统手工业品。然而，在“文革”期间，制作绣品卖钱是当成“资本主义尾巴”被禁止的。

20世纪70年代末，三星镇一些胆子大的农民，开始在叠石桥这个地处偏僻的几不管地区拎包摆摊，做起了绣花枕套、绣花鞋子、绣花被面的买卖。而川港镇一些农民也偷偷跑到江南吴江等地买回白坯布，染上色彩后，拿到叠石桥附近出售给三星镇做绣品加工的农民。开始几年，政府有关部门曾多次想方设法要取缔这个“自由市场”。为了生计的农民与管理人员打起了“游击”。海门管理人员来管，他们躲到通州的地盘上，通州管理人员来管，他们又躲到海门的地盘上，怎么管也管不住，怎么打也打不掉。

历史反复证明，当一个社会公权提倡的东西总是得不到响应，而禁止的东西总是不能

位于海门三星镇的“中国叠石桥国际家纺城”

够被取缔时，需要反思的是公权，需要让步的是公权，需要改革的仍然是公权。奉命行事吃公粮的管理人员当然不会去思考这些问题，被管理被压制的农民也不会去想这些问题。面临生存压力的农民只有一个直觉，为了养家糊口就要赚钱。因此，做绣品和面料生意的人越来越多，生意越做越大，叠石桥绣品市场和志浩面料市场的名声也越传越远。终于，公权觉悟了，政策放开了，当地政府因势利导，变堵为疏，于1982年在叠石桥正式建了一个绣品市场。志浩面料市场也相继建立起来。从此，这里的绣品和面料生产经营便一发而不可收。

海门的叠石桥国际家纺城建筑面积已达到100万平方米，拥有1万多个经营摊位，国内外客商平均日流量超过5万人次，2007年市场成交额达到203亿元。通州的中国南通家纺城，建筑面积已达到80万平方米，从事家纺面料销售的经营户有1600多户，包括全国20多个省市及13个国家和地区的客商，2007年销售额达到180亿元，外贸供货额达5亿美元。在两个市场的拉动下，本地和附近乡镇从事家纺产品生产和销售的农民超过50万人。办了这两个市场，使原先自己消费的手工业品走向全国、走向世界，使大批农民实现了从第一产业向二、三产业的转移，走上了富裕之路，这是当初谁也没有想到的，这是南通农民的一个伟大创举，是当初满腿泥巴如今西装笔挺农民的伟大创举！

为做大做强家纺产业，提升产业发展水平，三星镇党委、政府在海门市委、市政府的

领导下，开辟了三星工贸园区，吸引个体私营企业主进区办厂。2006年，升格为省级开发区，更名为海门工业园区，目前区内有以家纺为主的规模企业近200家，仅2007年就完成工业固定资产投入35亿元，设备投入18亿元。“华伦天奴”“花花公子”“鳄鱼”等20多个国际知名品牌企业已入驻园区。

75岁的法国纺织品协会主席、法国犹太商会会长、格拉斯贸易有限公司总裁亨利先生是第二次来叠石桥了。这次他与江苏明超国际贸易有限公司洽谈，下了一个大单子。他说：“我做了50年的纺织品贸易，原先以为中国的家纺产品都是低端产品。来叠石桥才发现这里的家纺床品比许多发达国家都好——质量好，功能好，包装好，走在法国的前面，也走在许多欧洲国家的前面。”

外商在叠石桥家纺市场砍价

如今，在叠石桥常驻的海外客商有近200位。像亨利这样的商界重量级人物，每月都要接待好几拨。

在当前国际经济不景气、纺织行业面临严重滑坡的情况下，全国最大的家纺企业——江苏罗莱家纺集团董事长薛伟成通过引进人才进行产品设计和开发，自创品牌与购买国际著名品牌结合，依靠自有品牌和高档次的产品，掌握了自主定价权，打造出中国最好的民营企业品牌，连续3年荣居同类市场综合占有率榜首。2008年7月11日，江苏省委书记梁保华参观了该公司风格时尚、款式新颖的各式家纺产品后，十分高兴地说，罗莱的成功，为江苏提出的“传统产业品牌化”战略提供了印证。

“家纺航母”的领军人物、江苏赛城国际集团有限公司董事长朱仲辉，曾当过工艺品厂推销员、绣品厂厂长。1996年，朱仲辉凭着年轻人的睿智和胆略，拿出所有的经营所得，将只剩空壳的三星建筑站和房产公司买下，组建了三星地产开发有限公司。2002年，开发了家纺城一期工程。2005年，他又果断投入2.6亿元，实施了更大规模的二期工程。同时，他以自办企业为引导，配合有关部门组建商会推进，带动1000多名经销商在南非、智利、法国、罗马尼亚等国家，办起了与叠石桥有紧密联系的200多家海外企业。国家主席胡锦涛2007年2月5日～6日访问纳米比亚时，曾亲切接见了在纳米比亚经营家纺贸易和投资矿产开发的朱仲辉和另一位三星人、南通华正纺织品有限公司董事长黄跃权。

秦瑞岗，三星又一位卓有远见的年轻人。他于10年前创办凯盛家纺。由于组建了自己的研发设计队伍，在产品款式和图案设计上不断创新，同时在全国20多个省、市、区开设了200多家专卖店，凯盛家纺迅速跻身于国内家纺领军品牌行列，获得“中国驰名商标”，并荣登由世界品牌实验室（WBL）独家编制的2007年“中国500最具价值品牌”排行榜，位列第445位，品牌价值为9.83亿元。

沈汉贤，三星镇镇南村的农民，早年为乡镇企业的骨干，干过铸造、机器制造、电子仪器、印染等行当，当过生产科长、供销科长、厂长。1986年下海经商。1995年在南通地区办了第一家电脑绣花合资企业。后来又到三峡投资办绣品企业，由于种种原因，血本无归。折腾来折腾去，他先后亏了200多万元。被人们看成难以翻身的“咸鱼”的他，并没有灰心丧气。在市场调研中，沈汉贤萌发了发明多色匹布植绒机的念头。2000年，他拿出家里仅剩的20多万元钱，买来设备材料，把自己关在屋后原先的厂房里又整整折腾了5年，终于研制出样机，获得国家专利。2007年6月，德国国际发明技术科学博览会中国事务中心曾邀请他参展，囊中羞涩的他虽未能成行，但德国国际应用技术科学研究院对他发明的机器给予了极高的评价：“开辟了一项新的技术领域，投产后有望成为行业发展方向。”如今，多色匹布植绒机已投入了批量生产，而沈汉贤也成了60开外头发花白的老

位于通州川姜镇的“中国南通家纺城”

汉。他有点自嘲地说，自己是大器晚成。

像朱仲辉、秦瑞岗、沈汉贤这样从农民变为企业家的，三星、川港等乡镇有一大批。把三星、川港等农业小镇建设为国内最大家纺城的，是这些乡镇千千万万个农民；而在这个历史进程中，他们也使自己演变为现代工人、现代商人和现代企业家。

家纺业的集中发展，最终体现为区域性生产经营的成本优势、价格优势和竞争优势。近年来，通州市围绕志浩市场打造了一个又一个家纺企业集群。川港工业集中区有300家家纺企业入驻，年销售收入超过100亿元。姜灶规划建设5.5平方公里家纺产业园，已有200多家企业入园。2008年2月，通州市将川港、姜灶两镇合并，成立川姜镇，重点建设家纺集群，打造家纺品牌。目前，通州已经成为全国规模最大的家用纺织品生产、销售、出口基地，产品销往国内各大中城市及100多个国家和地区，2007年销售额突破500亿元。2007年12月5日，通州市被中国纺织工业协会授予“中国家纺名城”称号。

通州志浩市场还有一个亮点是印花布花型的版权贸易。志浩市场如今有50多家花型设计单位，500多名设计人员，每天有300多种新款被推出，版权贸易交易成功率达60%

启东天汾电动工具城

以上。通州市为保护印花布花型的版权，在全国率先建立了版权保护机制，1997年3月就成立版权管理机构——志浩市场版权管理办公室。2008年4月，经批准，在全国成立了首个专业市场知识产权巡回审判庭——南通家纺城知识产权巡回审判庭。这一系列举措有效保护了通州家纺企业的知识产权。2008年6月23日，世界知识产权组织助理总干事王彬颖带领产权组织专家专程前来通州市志浩市场，考察家纺产业版权保护工作，并决定将其作为世界知识产权组织的优秀示范点向国际社会推介。

天汾，本是启东西北部有名的穷乡。为了生计，20世纪70年代末，一些有点小五金手艺的农民肩背一只五金配件包，串村走巷上门为客户修理算盘、秤、锁，配钥匙谋生。80年代中后期，电动工具销售和售后服务维修业开始兴旺起来。于是一批批在外搞小五金维修的天汾人开始干起了电动工具维修的行当。从闯天下搞小五金修理起步，天汾人把店铺开到了全国各地。进入新世纪，天汾人又开始了电动工具的自主生产，形成了从生产到销售、维修的一条龙。

南通国强电动工具有限公司董事长、总经理张菊芳20多年前和她的弟弟合伙，以50元起家做起小五金的配件销售。如今国强公司已拥有固定资产3800万元，近600名员工，生产转子、锭子、齿轮、整机等600多个品种，公司已通过ISO9002国际质量体系认证和电动工具CCC认证，“国强”牌成为知名品牌，畅销20多个国家和地区，并在美国、韩国、伊朗、印度注册CQ、ACE商标。

像张菊芳这样靠摆地摊起家后，在政府的鼓励下回来二次创业的农民有几百人。天汾镇政府于是请来专家，结合小城镇建设，先后投资13亿元开辟了“四横四纵”的8条街道，新建综合商住楼128幢，连片经营门店200多个，总建筑面积近30万平方米。目前，镇内拥有电动工具制造企业200多家，生产零配件1300多种，整机150多种，年产值达30多亿元。

2006年，天汾被中国电器工业协会命名为“中国电动工具产业基地”，天汾国际电动工具商贸城被中国五交化商业协会授予“中国电动工具第一城”的荣誉称号。而启东在外经销电动工具的从业人员多达4万多人，在全国各大中城市开设电动工具门店4000多家，年经销额突破150亿元。

分管农村工作的南通市委副书记黄利金说，我们一方面积极鼓励农民走出家园闯天下，另一方面精心组织广大农民努力把自己的家园建设好。在社会主义新农村建设中，南通早谋划、快起步，结合“百村示范、千村整治”，于2005年初有针对性地提出了“民富、村美、风气好”的奋斗目标和具体指标，在实践中得到广大农民群众的积极响应，大大促进了农村经济和社会事业的持续快速协调发展。各地农村坚持以科学发展观为指导，把发展农村经济、促进农民增收作为中心任务，“以工业化致富农民，以城市化带动农村，以产业化提升农业”，建设全面小康之路越走越宽广。

第四章
冲破思想上的天堑

万里长江奔腾入海，把江苏大地一分为二，变成了苏南、苏北两个板块。浩荡大江造就了江海平原，给南通人民带来了不尽的泽惠，同时也阻隔了与苏南和上海的交通，阻隔了观念的交流和思想的沟通。改革开放的30年，对南通人民来说，就是坚定不移地走改革开放之路，千方百计“融入苏南、接轨上海、走向世界”的30年，也是不断审视自我、解剖自我，不断冲破思想上的天堑，以求得思想解放的30年。

面对南通与苏南差距越拉越大的严峻形势，南通全市上下开展了“城市的潜力在哪里”的大讨论，以求得思想的进一步解放，经济社会的进一步发展

30年来，南通人关注和参与了每一次全国性的思想解放大讨论，从中汲取前进的精神动力。南通人更加注重从解决本地存在的问题出发，跳出“井底”，破除教条，自我诊断，自我治疗，努力探索和把握开创新局面的途径。

张良炽，南通市统计局助理调研员，长期从事统计综合分析工作。20世纪90年代初他担任市统计局综合科副科长。1991年统计公报出来以后，面对几年积累下来的一大堆数据，他陷入了深深的思考。

那个时候，88岁高龄的邓小平同志正在我国南方视察。老人家在武昌、深圳、珠海、上海发表的重要谈话，明确回答了长期困扰和束缚人们思想的许多重大理论问题和认识问题。邓小平同志的南方谈话，极大地解放了全党的思想，为中国的改革开放开启了第二个春天。

当时，张良炽和许多人一样，并不知晓这一内情，只是有一种迫切希望进一步改革开放以求得更快更好发展的强烈冲动。

毋庸置疑，改革开放在南通经济发展史上写下了光辉的一页。与1978年相比，1991年南通市的国民生产总值和国民收入均增长了4倍，工农业总产值增长了3.3倍，外贸收购总值增长了10.7倍，全市经济综合实力有了显著增强。但另一方面，南通与苏南的差距却越拉越大。

1978年，南通与苏州、无锡、常州几乎同在一个起跑线上。在其后的4年里，4市的工业发展速度也不相上下，在某些方面南通还略有领先。但1982年以后，差距逐步拉大。到1990年，南通工农业总产值与苏州的差距由10亿元扩大到270亿元，与无锡的差距由4亿元扩大到201亿元，与常州相比由领先变为落后。尤其是苏州、无锡的乡镇企业产值比南通高出一倍多。

再考察经济效益指标，全市地方国营企业1990年与1980年相比，每百元产值创利税下降了51%，每百元资金创利税下降了78%，每百元销售创利税下降了62.8%，每百元固定资产原值提供产值也下降了53.7%。

张良炽和他的同事还将改革开放以来南通工业发展速度的运行曲线画图与全省平均水平进行比较，发现了这样几个特征：一是南通经济波动受宏观经济政策的变动影响明显；二是南通工业经济的周期性波动与全省基本同步；三是1982年以后南通一直以低于全省平均水平的轨迹在运行。

南通港的货轮

金色港湾

数据是枯燥的，但数据又是最能说明问题的。这一系列数据说明，南通的经济发展，基本上还是走的传统路子，缺乏改革的思路、跨越的胆略和发展的办法，因而没有充分发挥自己的优势，走出自己的路子。归根到底还是思想不够解放，胆子不够大。

张良炽和他的同事们就此展开了热烈而深入的讨论，随后形成了一份统计分析报告《南通经济发展先快后慢的思考》，报告提出了要适应体制转型，利用沿海开放城市的地理优势，借助港口，大力发展以外向型经济为主导的二、三产业的观点。

徐燕市长阅后批示："这份分析很有价值。港口是南通的优势，发展港口经济，以港兴城，是南通经济发展的希望所在。"

《南通日报》的老总们看到这份报告后为之一震也为之一动，很快商量决定，围绕这个问题，在报纸上开展一次解放思想的大讨论。

报道计划和报纸大样报送到市委。市委书记陈根兴在报纸大样上批示："《南通日报》打算开展解放思想的大讨论，主意很好。要精心组织好这次讨论，以动员全市人民献计献策。要解放思想，关键在于总结我们自己经验的同时，找出差距，使人们有一个紧迫感。"

1992年3月24日，《南通日报》头版以《南通，你的优势在哪里？》为题，以几乎一个整版的篇幅发表了张良炽与他的同事们合作写的那篇统计分析报告，同时发表了评论员文章《关键在于进一步解放思想》，决定在报纸上开展一次以"南通的潜力在哪里"为主题的大讨论。

文章犹如一颗重磅炸弹在全市人民的心中炸响。因为对于南通的经济发展，不少人，尤其是有些干部一直“自我感觉良好”。更多的人，为南通经济发展速度放慢而焦虑，而心急如焚。这个问题一下子抓住了全市干部群众的心。

3月26日，也就是在南通这场大讨论开始后的第三天，《深圳特区报》在一版头条刊登了记者陈锡添采写的长篇通讯《东方风来满眼春——邓小平同志在深圳考察纪实》。3月30日，新华通讯社向全世界全文播发了这篇长篇通讯。第二天，《人民日报》等国内各主要报纸都在头版显要位置转载了《深圳特区报》的这篇长篇通讯，中央电视台则破天荒地在当天晚上的“新闻联播”节目中用45分钟全文播发了这篇文章。

邓小平同志的南方谈话，是他毕生事业的巅峰之作，为中国的改革开放开启了第二个春天，再一次在中国人民心中燃起了改革开放和经济发展的巨大热情；同样，极大地鼓舞了期盼进一步解放思想以求得更好更快发展的南通人民。

在大讨论持续的4个多月里，《借助浦东开发，促进南通发展》《要抓住时不再来的机遇》《实事求是，扬长避短》《要有危机感和紧迫感》《最重要的是利用港口优势》《扩大开放度，开辟自由港》《建设长江隧道，天堑可变通途》《洋口港开发大有可为》，乃至《把南通作为第二个上海来制定战略》等上百篇文章先后发表，大家各抒己见，献计献策，字

集装箱码头

里行间流露出进一步改革开放和加快发展的强烈责任感和满腔热情。

这场大讨论于当年的8月7日告一段落。那天的《南通日报》刊登了徐燕市长写的文章《扬长避短，做好“江海”这篇大文章——南通市沿江沿海开发开放初步设想》，作为大讨论的结束篇。文章说：“以上海浦东开发为龙头，加快长江三角洲及沿江的开发开放和经济发展，是中央继沿海地区开放以后，促使我国经济振兴的又一重大战略决策。这一英明决策为南通的经济发展提供了千载难逢的历史机遇。”“得天独厚的地理位置和丰富的港口资源是南通经济发展的最大优势。”这是这场大讨论在全市人民中形成的共识。

在其后的几年里，南通一直咬紧“接轨上海”和“以港兴市”的战略不放松，出台了一系列政策措施，掀起了快速发展的又一个浪潮。

南通港夜景

“两院”院士吴良镛提出的“中国近代第一城”的命题，使南通人为之一振，决心“弘扬先贤伟业，续写时代辉煌”

世界进入21世纪的钟声敲响。当全国人民欢欣鼓舞跨入新世纪的时候，南通人或多或少竟有一种失落感。

这是因为江苏省的经济发展布局和战略作了引人注目的调整。“九五”期间，江苏在区域经济的划分上，将全省13个地级市分为“沿江八市”和“苏北五市”。南通在“沿江八市”之列。2000年3月，江苏省委、省政府在讨论制定“十五计划”时，不少专家提出江苏在区域经济发展上存在明显的梯次。苏南诸市人均GDP已超过1万元，苏北5市人均GDP不到6000元，而南通、扬州、泰州3市人均GDP则在两者之间。专家于是提出从总体布局上构建一个“苏中”平台，实施经济梯度发展战略。

2000年11月1日，江苏省委召开九届二次全体会议，在关于制定江苏省国民经济和社会发展第十个五年计划的建议中，正式提出了“苏中板块”的概念。

从改革开放初期的“苏锡常通”到后来的“沿江八市”，南通人还没有什么感觉，现在落到了“苏中板块”，脸上真有点挂不住了。

还有更窝心的。2000年，江苏省召开城市工作会议，明确提出江苏要建设三大都市经济圈的目标。三大都市经济圈分别为南京经济圈、苏锡常经济圈、徐州经济圈。南通竟然不在这三大都市经济圈内。

不甘落后的南通还是面对严峻的现实，提出了“十五”期间的发展目标：在苏中率先崛起，全面提升南通在省内和全国首批沿海开放城市中的地位。但是，“前有标兵，后有追兵”，要实现这个目标，又谈何容易！

虽然“九五”期末，在江苏省内，南通的国内生产总值比扬州高270个亿，比泰州高340个亿；财政收入比扬州多20多个亿，比泰州多22个亿；城市人均可支配收入比扬州高1200元，比泰州高900元，但扬州和泰州是原为一个市后划分为两个市的，南通经济总量领先的背后掩盖的差距也是十分明显的：人均指标落后，产业结构调整难度大，工业化进程不快，经济发展的动态走势不容乐观。仍以“九五”期末的数据为例，南通的人均GDP不足扬州的九成，人均财政收入则低于泰州。更令人不敢掉以轻心的是，分析苏中三市前两个五年计划的实施情况，结果表明，财政收入总量领先的南通，在苏中的占比呈一条下降的曲线。而与此同时，扬州和泰州两市都是上升的曲线，其中泰州“九五”期间增速更快，大有后来居上之势。

在埋头苦干中，南通人苦苦地思索，苦苦地探求叫响南通、快速崛起的机遇。

这样的机遇终于不期而至。

由张謇先生创办于1905年的南通博物苑，是中国人创办的第一座公共博物馆。随着南通建设“环濠河博物馆群”动议的提出和博物苑百年苑庆的临近，新馆建设提上了议事日程。要做就做最好的。南通的决策者和文化人想方设法请到了我国著名的建筑大师、城市规划泰斗、“两院”院士吴良镛。

2002年7月26日，吴良镛先生首次踏上了南通的土地。吴良镛先生对张謇和近代南通的城市规划很有研究。对近代南通的全面考察，使这位已80高龄长者的激情燃烧起来，迸发出思想的火花。在随后与时任市长的罗一民面谈时，吴良镛先生大胆而审慎地提出南通可以称得上“中国近代第一城”的命题。

回到北京后，吴良镛先生又收集了大量的文献资料，进行“小心求证”。他将近代南通与西方同时代的城市相比，与同时期中国其他城市发展相比，得出这样的结论：南通是中国早期现代化的产物，它不同于租界、商埠或列强占领下发展起来的城市，是中国人基于中国理念，比较自觉地、有一定创造性地、通过较为全面的规划、经营的第一个有代表性的城市。张謇建设的南通，与近代城市规划先驱者英国人霍华德所经营的新城时间相近，在内容和规模上竟能互相媲美，这不能不说是奇迹！

吴良镛先生认为：“追溯这段历史的目的不仅在于重新评价张謇的城建思想与功绩，更为重要的还在于探讨其现实意义，即研究张謇所从事的中国早期现代化道路，以及他在一系列城市建设实践上的‘城市—地区’规划建设思想，探究其对中国城市建设道路的意义。”

2002年11月下旬，吴良镛先生再次来南通考察。在先后于南京和南通两地举办的“江苏科技论坛”上讲演时，他第一次向学术界明确提出了南通堪称“中国近代第一城”的研究结论。巧合的是，就在同一个月，现任国务院副总理、时任江苏省委书记的回良玉视察南通，作出“南通大发展的春天就要来临”的重要判断，勉励南通抓住机遇，加快发展。

南通，无论在古代、近代还是现代，无论是城市规模还是城市建筑特色，都是一个并不起眼的中等城市，愣愣地说它是“中国近代第一城”，许多人一下子难以理解和接受。然而，提出这个命题的是中国著名的建筑大师、城市规划泰斗，当时真可以用“惊诧”这个词来形容参加论坛的许多专家学者的神态。

随后而来的是会内会外激烈的争论。而许多南通人都站到了持怀疑和否定态度的一方，因为他们对此感到太突然、太缺乏自信心了。

近代南通，在许多方面都是和一个人相联系在一起的。他就是张謇先生。长期以来，张謇在南通是一个有争议的人物。受“左”的历史观的影响，传统的观点认为，张謇是保皇派，是不革命的。因此对于张謇和近代南通的研究，仅仅局限于学术界，政界是很少提及的，学术界也往往欲言即止，生怕被戴上一个“为封建主义、资本主义遗老遗少张目”的帽子。现在，把张謇和他的事业抬得这么高，许多人当然会感到突兀，感到不能理解。

但是，刚接任市委书记的罗一民没有这样的包袱，他站到更高的层面去思考问题：只有跨越发展才能摆脱南通落后的处境。所谓跨越，就是纵比，要超越过去乃至超越历史；横比，要大大好于、快于兄弟城市。而要实现跨越，关键在于抓住契机，凝聚人心。

2003年1月13日，罗一民专程赶到北京，在清华大学紫光国际交流中心与吴良镛先生进行了长时间的晤谈，对专家的思考和这一命题做更全面更透彻的了解。

回到南通，罗一民首先在决策层统一思想，形成共识，随后决定围绕“中国近代第一城”这一重大命题，在学术界进行深入研究探讨的同时，组织全市媒体作全方位、多层次的报道，以鼓舞全市人民“弘扬先贤伟业，续写时代辉煌”。

罗一民在接受媒体采访时说，“中国近代第一城”这个品牌是一个金字招牌，是南通人最珍贵的无形资产。宣传“中国近代第一城”，可以使“中国近代第一城”的丰富历史内涵和人文价值得到很好的挖掘、延续，可以对今天南通的发展有所借鉴，可以大大增强南通人的自豪感，有利于我们高起点、高标准地建设城市和发展社会事业。100多年前我们的先人曾开风气之先，干出了许多第一。那么100多年后的今天，南通决不能落后。“中国近代第一城”的历史荣耀将大大激励南通人对更高目标的追求。同时，打出这一品牌，可以成为南通两个文明建设和全面建设小康社会的主要抓手和重要推动力。

2003年2月11日，《南通日报》在B1版用一个整版的篇幅，在《让“中国近代第一城”大放异彩》的通栏标题下刊登了精心策划的这组系列报道的开篇。随后分文化篇、规划篇、实业篇、城建篇、教育篇等10余个专题，对张謇先生的思想和实践，以及近代南通经济社会建设的成果进行全面的盘点，并发表了专家相应的研究成果和心得。

南通电台邀请专家、市民走进直播室，南通电视台制作了《张謇》专题片在中央电视台播出。在党委、政府的推动和媒体的鼓动下，机关、社区纷纷组织座谈会，“继承先贤伟业，再续时代辉煌”，成为全市上下的共识。

围绕“中国近代第一城”的宣传、思考和讨论，成为南通人又一次思想解放的大讨论，有力提升了南通人的精神状态和自豪感、使命感。顺应民意，审时度势，在全省“两个率先”的总框架下，2003年初，市委召开全市领导干部大会，市委书记罗一民给大家作了推进南通跨越发展的形势报告，作出了南通进入跨越发展新阶段的判断，提出了“依托江海、崛起苏中、融入苏南、接轨上海、走向世界、全面小康”的发展思路和奋斗目标，南通开启了走向第三次辉煌的历史新征程。

包容会通，敢为人先，南通人民在城市精神的大讨论中赢得了自尊、自信，悟出了责任、使命，获得跨越发展的精神动力

不断地自我审视，不断地自我批判，南通人越来越深刻地认识到自己文化性格上的弱点，认识到自身的劣根性，认识到这种弱点和劣根性对于经济和社会发展的负面效应。

他们审视和批判了在自己身上表现出来的很强烈的自给自足、小富即安，宁当鸡头、不当凤尾的小农意识；审视和批判了满足于小打小闹，过安详舒适小日子的小城意识；审视和批判了那种喜欢争论不休，动不动就人民来信满天飞，台上握手、台下踢脚的内耗现象。市委书记吴镕曾亲自撰写了《关于克服内耗的思索》刊登在中央党校《动态》上，该文切中时弊，振聋发聩。

这种审视和批判，本意是想挣脱精神上的藩篱，求得思想上的解放，但一时也使融南北文化于一体，既有北方人豪爽，又有南方人精明的南通人有点灰头土脸，有点自卑起来。

其实，和所有民族、所有地区的人一样，南通人有其文化性格上的弱点，有其难以克

进城务工人员座谈"南通精神"

“南通精神大讨论”辩论赛

服的文化劣根性，但更有其积极向上、很阳光、很灿烂的一面。

南通乃崇川福地，自古人文荟萃。三国名臣吕岱、宋代杰出教育家胡瑗、明代名医陈实功、清代“扬州八怪”之一的李方膺、清末状元张謇等，在历史上都留下重重的一笔。新时代南通更是名贤辈出，涌现出以著名数学家杨乐为代表的数十位“两院”院士，以刘延东、顾秀莲、李金华为代表的一批国家和省部级领导人，以军委委员、总参谋长陈炳德为代表的上百位将军，以赵丹、袁运甫、袁运生、范曾为代表的一批杰出的艺术家，以及林莉、赵剑华等一批世界冠军和奥运冠军……

许多时候我们“不识庐山真面目”，真真切切是“只缘身在此山中”。

市委书记罗一民、市长丁大卫和新一届市委领导班子的同志们，在认真研究南通的历史、现状和人文精神以后，更多地看到了南通人文化性格的积极一面。怎样来焕发南通人民奋发向上的精神，鼓舞南通人民争创一流的士气？怎样来凝聚人心，团结全市干部群众实现从“崛起苏中”到“融入苏南”再到“挺进长三角核心圈”的城市振兴？市委研究决定，在全市干部和广大市民中开展一次新时期南通精神的大讨论。

这场大讨论从2005年5月开始，到12月结束，历时8个月，形式多样，内容丰富，遍及社会各个层面，参与者有百万之众，成为改革开放以来，南通市参与人数最多、讨论最热烈、最具成效的群众性主题教育活动。这场大讨论，是全市上下进一步解放思想、凝

南通日报

精彩的是过程

集中民智 特色鲜明

——南通精神大讨论活动回眸

辩论

苏建集团成立十周年

倾情回馈 百万酬宾

85288888 85283068

江海视点

江海晚报 A3

南通精神你说我说大家说⑦

甲方 南通要弘扬什么？

跨江出海 自强不息

继承传统 发扬光大

乙方 南通还缺些什么？

几个亟待改进的问题

应把方便让给老人和孩子

市民一句话

深圳的城市精神

它山之石

开拓与进取 包容与并蓄

感受南通

媒体开辟专栏讨论“南通精神”

心聚力的过程，是全市人民全面进行自我审视、进一步提升精神境界的过程。

在组织者的精心策划和引导下，大讨论紧扣“弘扬‘三创’（创新、创优、创造）精神，推进跨越发展，构建和谐社会”的主题，围绕什么是南通精神，南通跨越发展需要什么精神来展开。市委宣传部和市文明办在新闻媒体上刊播征集启事，广泛征集南通精神的表述用语，共收到书面信件371封、短信息3572条。在此基础上，有关部门对初步入围的征集稿又通过调查问卷的方法进一步征求意见。根据多数群众的意见，经过领导、专家反复斟酌、严谨论证，最后确定南通精神的表述用语为：“包容会通，敢为人先。”

市委书记罗一民后来撰文阐述了南通精神的内涵。他说，所谓“包容会通”，就是要胸怀宽广，眼界开阔，包容万物，兼收并蓄，融会贯通。这四个字概括了南通人的胸襟气度和生存发展的智慧。南通是多方言的城市，某种意义上也是居民多来源的移民城市。多元共存的区域文化格局和独特的区域文化位置，促进了“包容会通”精神的形成。赋予并弘扬“包容会通”更新、更深、更好的内涵，首先要对内和，对外顺；其次要对己严，待人宽；还有一点很重要，就是既要聪明、精明，又要高明、开明。所谓“敢为人先”，就是要敢于做别人没有做过的事，走前人没有走过的路，要有勇立时代潮头、善开风气之先、敢于争创一流的胆略魄力。南通是江海冲积平原。远古时期涨沙成洲，气候恶劣，交通不便，到南通来开荒的先民都具有不畏艰难、敢作敢为的精神。“敢为人先”是南通鲜明的城市个性，也是历史发展的生动写照。“敢为人先”，是南通兴旺发达之血脉，它一头承接着历史，一头通向美好的未来。

2005年12月22日，南通精神大讨论总结大会在更俗剧院举行。市长丁大卫在会上发表了充满激情的讲话。他说，“包容会通”，源于南通人的自信，“敢为人先”，体现南通人的胆识。南通精神的提出，为广大干部群众树立了积极向上的精神坐标，为引领城市发展树立了奋勇向前的精神旗帜。“包容会通，敢为人先”的南通精神，必将成为南通新一轮全面腾飞的强大支撑和保证。

也就是在这一天，以“弘扬南通精神，推进跨越发展”为主题的第四届南通发展论坛和“为南通喝彩”大型多媒体原创声乐组曲演唱会，把大讨论推向了高潮。

解放思想，永无止境。随着思想的不断解放，英雄的南通人民在改革开放的康庄大道上疾步前行，创造了一个又一个奇迹！

在社区中征集“南通精神”表述用语

第五章
腾飞的双引擎

要实现快速发展和跨越发展，需要有强劲的原动力。招商引资，是改革开放以来久唱不衰的重头戏。功夫越练越深，戏越唱越好，南通的决策者一方面筑巢引凤，努力改善投资的软硬环境，吸引了越来越多的外商，一方面在民间资本上做足文章，大力发展民营经济，使经济腾飞有了强劲的双引擎。

招商引资连续5年“撑杆跳”，南通2007年注册外资实际到账31.17亿美元，总量跃居全省第二位

陈晓，一位资深的外经贸工作者，目前正在整理研究南通全市招商引资的发展概况。谈起南通的招商引资，老人如数家珍，报出了一组数据。

从1983年至1992年底的10年间，是南通利用外资的起步阶段。1983年全市仅引进4个项目、实际利用外资76万美元；1992年全市引进585个项目、实际利用外资6040万美元。这10年里，全市累计实际利用外资近3亿美元。从1993年到2002年的第二个10年，是南通利用外资的快速发展阶段。这10年总共新批外资企业3536个，实际利用外资34.66亿美元。2003年以后，南通招商引资走向了“撑杆跳”的跨越阶段。

对外开放初始的好多年里，南通其实并不为外商看好，关键是交通偏僻，基础设施差。

当年，南通曾流传着这样一则故事：地处交通末梢的如东县，好不容易请来了一位外商，安排住进条件最好的县政府第二招待所，但招待所房间里没有洗浴设备。现任甘肃省省长、时任如东县县长的徐守盛于是亲自挑热水上楼给外商洗澡用。此举感动了外商，终于办成了第一家外资企业。故事是一段佳话，也带有几丝苦涩和辛酸。

至于受大江阻隔，经上海过来的外商跑了一半路就因失望或天气原因而打道回府的事

2007年11月，日本对华投资最大工业项目（总投资27亿美元）——江苏王子制纸有限公司在南通经济技术开发区奠基

情，招商部门的同志每个人都有类似的经历。南通虽说是全国首批对外开放的沿海港口城市，市领导和有关部门花了九牛二虎之力抓外向型经济，但外资工作在很长一段时间内起色不大，个中原因和其间的酸甜苦辣也就不言而喻了。

2003年，站在新的历史起跑点上，南通市委、市政府顺应国际产业资本新一轮转移的大潮，紧紧抓住苏通大桥开工建设、南通区位优势明显提升的契机，作出在全局工作中以扩大吸引外资为突破口的重大决策，提出了学习南京经验，实现招商引资“撑杆跳”的奋斗目标。

2003年1月2日，《南通日报》根据市委的要求，破天荒用一个整版转载了《南京日报》的长篇通讯《南京，向国际资本要生产力》。

第二天，南通市委、市政府召开学习南京招商引资经验座谈会，与会者人手一份《南通日报》。外经贸局、发改委、经贸委、机关工委等负责人畅所欲言，谈认识，找差距，献计策。南京招商引资能够实现“撑杆跳”，南通为什么不能？各地、各部门随后开展了一场学习南京经验、实现招商引资“撑杆跳”的大讨论。这场大讨论带来了招商引资的思想大解放、目标大提高、措施大强化。

羌强，南通市外经贸局局长。谈起南通招商引资“撑杆跳”的进程，他特别强调行政推动的作用。他说：“点火升温后，怎样把火烧得旺些再旺些？要在中国办大事，在现有的环境下，一定要靠行政推动。当时，市委、市政府正确把握开放型经济工作特点，坚持

全国最大的集成电路封装测试企业——中日合资的南通富士通微电子股份有限公司

以科学的行政推动为主要工作手段，取得了明显的成效。”

主管招商引资工作、时任副市长的宋飞提出，必须举全市之力抢抓国际资本。南通要在全面开放、全城开放、全方位开放上有新突破。

突破，首先体现在组织推进体系上。市委、市政府把招商引资列为全市“一把手工程”，主要领导亲自抓，分管领导着力抓，整合部门力量，抽调精干人员，建立、充实市招商引资推进办公室，行使指导、服务、协调的职能。各县(市)、区都建立招商引资工作机构，形成上下衔接、左右协调、高效运作的组织网络体系。

南通富士通微电子股份有限公司生产内景

突破，还体现在工作举措上。强化考核评比，完善指标体系，高点定位，挖掘潜能，挑战极限，各级、各部门一把手是“第一责任人”。各县（市）、区招商引资数据每月公布，每季讲评，讲出问题，评出成效。考核评比得分与各级、各部门、个人年终评优、评先、个人晋级、奖金挂钩，不断鼓劲、升温、聚焦、加压，各县（市）、区、各部门的头头们常常会被评出一头汗，而最终评出一身劲。

突破，更体现在与时俱进上。及时调整发展方向，年年有新追求。2003年，学习南京“撑杆跳”经验，提出了“总量翻番”的加压目标，各县（市）、区主动调高标杆；2004年，增加对项目到账率和开工率的加减分考核，提升了利用外资的质量和实效；2005至2006年，在调整注册外资和到账外资考核权重的基础上，突出对引进大项目等质量指标的考核，着力推进利用外资又好又快发展。

从2003年至2007年，南通利用外资跨越发展，协议外资、到账外资连续5年实现“撑杆跳”。2003年，全市共新批外商投资项目906个。协议注册外资23.11亿美元，列全省第四，比上年前移2位，超过前5年的总和。注册外资实际到账7.31亿美元，列全省第六，比上年前移2位，全市利用外资各项指标增幅均居全省首位。2007年，全年新增工商登记注册外资77.39亿美元，商务部确认注册外资实际到账31.17亿美元，总量仅次于苏州，跃居全省第2位。全市合同利用外资在这5年内达259.29亿美元，实际利用外资超过91亿美元，5年增长了12.1倍。一串串数字难免枯燥，但是数字又是最直观、最有说服力的。2007年，南通实际利用外资跻身全国大中城市10强，6县（市）实际到账外资全部进入全省县（市）利用外资15强，成为江苏省和长三角吸引外资增速最快的城市。

“过去，我们的主要工作是奔波各地招商引资；现在，我们把很大精力放在考察项目上，要筛选出具有产业带动性强、高科技、无污染的项目落户南通。”谈到2008年招商引资工作重心的转移，南通开发区管委会招商人员话语中透着一丝自豪。这一变化，标志着南通利用外资水平在“撑杆跳”增量的同时，正在发生质的重大转变。

2003年，南通千万元以上的大项目只有98个。2007年，这一数字已改写为313个，其中，总投资1亿美元以上的重大项目突破20个。计划总投资27亿美元的江苏王子制纸项目已获国务院批准实施，江苏LNG项目一期工程已获得国家发改委核准，熔盛造船、二重集团重大装备基地等一批重大临港项目相继启动，先进制造业和现代服务业利用外资快速推进，一批机电、生物医药、农业综合开发、新能源等科技含量高、资源消耗小的项目纷纷“生根开花”。

顺势而为，因时而变，南通全力推动利用外资转型升级，目前已建成以国家级南通经济技术开发区为龙头，由13个各级各类开发区组成的开发开放群体，为南通经济的全面腾飞提供了新的发展动力。

南通经济技术开发区至2007年已建成总投资超千万美元项目129个，其中，世界500强公司设立的外商投资企业已达到45家。10多个项目成为国内或国际技术水平最先进、单线生产能力最大项目。先正达作物保护项目总投资8400万美元，年产6000吨高效除草剂原药，是中国最大的化工合资项目;申华公司丁苯橡胶项目总投资9160万美元，年产17万吨乳聚丁苯橡胶，是目前国内最大丁苯橡胶基地。瑞利公司合成吡啶项目总投资3000万美元，年产1.1万吨合成吡啶，是世界三大合成吡啶生产装置之一；一期投资3000万美元的聚甲基丙烯甲酯项目，采用世界最新技术，单线生产能力居世界之首；总投资2950万美元的PMMA新型板材项目，单线生产能力世界第一；注册资本3800万美元的聚偏二氯乙烯树脂醒目生产工艺复杂、技术难度大，目前世界上仅日本、美国拥有此技术，南通开发区的是世界第四套此类工艺生产装置。日本王子制纸浆纸一体化项目总投资27亿美元，不仅是南通引进的最大项目之一，也是迄今为止日本对华投资的最大工业项目。

2007年，市、县（市、区）两级开发区以全市2.28%的面积，创造了占全市GDP40.2%、地方一般预算收入44.3%的骄人业绩。

在外资工作“撑杆跳”的同时，南通的外贸和外经工作也有不俗的表现。外贸进出口于2003年突破50亿美元。到2006年，仅用4年时间就实现从50亿美元到100亿美元的跨越。近5年来，全市外贸进出口以年均26.8%的高速度持续增长，比同期GDP年均增幅高11.5个百分点。外经在全省名气更大。2007年，全市对外承包工程和劳务合作营业额8.49亿美元，新派劳务15386人，期末在外劳务37616人，占全省总量的三分之一。对外承包劳务业务现已拓展到世界70多个国家和地区，主要业务指标已连续12年在全省保持领先地位。

南通市委、市政府以举办各类提升城市形象的招商活动为抓手，大力度地推进招商引资，大力度地优化发展环境。市委、市政府先后举办了3届世界大城市带发展高层论坛，构筑了南通与世界各大城市带、大城市带各城市之间对话与合作的桥梁，提升了南通的知名度和国际影响力。一年一度的中国南通港口经济洽谈会已走过7个年头，活动主题不断与时俱进，从港口开发到江海共兴，投资推介由全面综合推介向产业推介、专题推介、产业招商转变。

南通还把整治和优化投资环境作为党政“一把手工程”来抓，市政府先后出台《关于进一步优化投资软环境的意见》《关于对损害经济发展软环境行为实行责任追究的意见》。市级机关各部门积极开展“争创全省最佳办事环境”活动，全面推行首问负责制、服务承诺制、限时办结制、AB岗工作制、责任追究制等一系列措施，为外来投资者营造了最佳

中美合资、总投资约5亿美元的南通醋酸纤维有限公司夜景

全国最大规模外商投资企业500强——中日合资的南通中远川崎船舶工程有限公司

总投资约30亿元的振华港机南通基地

办事环境，形成了被誉为“南通模式”的职能目标、共性目标和综合评议“三位一体”的综合绩效管理考评体系，被原国家人事部列为全国地级市中唯一的绩效考评联系点城市。2005年，南通跻身中国大陆最具台商投资价值八大城市行列。2006年，在“跨国公司眼中最具投资潜力的中国城市”评选中，南通在全国286个地级以上城市中综合得分位居榜首。2007年，在首届中外跨国公司CEO圆桌会议上，南通被评为“跨国公司最佳投资城市”，南通经济技术开发区被评为“跨国公司最佳投资的开发区”。

在引进外资的同时，南通对原有的一大批企业，包括后来发展起来的乡镇企业，进行了前后持续10年时间、艰难而彻底的改制，进一步解放了生产力，确保国有资本保值增值，也给民营经济的发展创造了条件。

进入新世纪以后，南通的决策者一手抓引进外资，一手抓民营经济，使民营经济这个最富活力的经济成分，在江海平原上以燎原之势迅猛发展，撑起了半壁江山，成为南通经济腾飞的又一个巨大引擎

南通，与中国民营经济的发展有着特殊的渊源。19世纪末，我国民族资产阶级的先驱张謇先生胸怀“实业救国、教育救国”的抱负，在家乡南通兴办实业，创建民营企业集团，构建了中国民族资本主义的雏形，使南通成为中国民族纺织工业的发源地、中国近代民营经济的发祥地之一。

改革开放以来，南通人民秉承先贤的优良传统，沐浴改革开放的春风，民营经济经历了一个从起步到快速发展的过程，成为推动全市经济较快发展的重要力量。但与苏南和浙江等地区相比，发展的步子还不快，总量和规模还不大，产品的技术含量和企业的竞争力还不强，处于“温吞水”的状态。一位多年与民营企业打交道的工商管理干部谈起当年的情形感慨地说，当时许多企业做到一定的规模，就想戴上国有或合资的“红帽子”，就怕这怕那不敢再做大了。各级领导也有同样的顾虑。

1999年，到南通上任不久的市委常委、副市长罗一民主管民营经济。他明确提出，民营经济要与国有经济、外向型经济并驾齐驱，在未来3～5年中先使民营经济三分天下有其一，继而成为南通的主流经济。2003年，南通市委、市政府解放思想，审时度势，决心学习温州发展民营经济的做法，把南通建设成江苏省民营经济最发达的地区，作出了争创江苏民营经济第一大市的重大决策。

市委、市政府组团赴温州学习考察，邀请一批资深的专家学者、官员和企业家来通调

启东林洋电子公司

研，举办专题研讨会，为发展民营经济献计献策。随后，市委、市政府出台《关于争创江苏民营经济第一大市的若干意见》，提出凡国家未明令禁止的投资领域，彻底向民营企业开放；凡是外地有的、能享受的合法合理的优惠，南通都能享受；凡是对民营经济有歧视的、不合理的政策，都要叫停。还成立了市民营经济发展办公室，从经贸委、工商局、工商联、统计局等部门抽调人员集中办公，具体负责全市民营经济发展的协调、综合、指导等工作，各县（市）、区也组建了相应的工作班子，形成了完善的组织推进体系。

为了掀起全民创业的热潮，南通提出了“六个一批”的响亮口号。即发动村干部带头创办一批，组织部门和乡镇干部扶持创办一批，鼓励机关、事业单位人员提前退休或辞职创办一批，吸引外出经商务工人员回乡创办一批，扶持下岗、失业、待业、无业人员创办一批，引导骨干企业带动创办一批。各部门都以争创最佳办事单位为目标，立足南通实际，发挥自身优势，努力为企业营造良好的外部环境，为企业发展献计献策。

在创新服务体系方面，市监察局和市民营经济发展办公室建立健全了全市民营经济投诉网络，向全社会公布了市及9个县（市）、区的民营经济投诉热线；市经贸委、财政局

大力推进信用担保体系的建立和完善；市国土局主动与有关经济部门衔接，了解重点民营企业项目情况，提前安排用地计划方案，想方设法为企业排忧解难；金融部门在贷款审批权限上收的情况下，千方百计为民营企业服务，保证信誉好、成长快的民营企业的资金需求。

在完善政策体系方面，市委组织部、人事局制定了鼓励机关干部提前退休或辞职创办民营企业的政策，南通工商局制定了《关于支持和引导个体私营等非公有制经济发展的意见》，大力实施降低登记注册门槛等8个方面的措施，支持民营企业拓宽发展领域；南通质监局、市工商联联合出台了《2005年服务全市民营经济工作要点》，从大力实施名牌战略等10个方面为民营企业发展提供政策引导；市科技局出台了《关于实施民营经济科技创新工程的意见》，加大了对民营科技企业扶持力度，不断提升民营企业的科技创新能力和核心竞争力。

百姓的创业热情被充分激发后，江海大地出现了千军万马闯市场、铺天盖地创大业的壮观景象。据统计，2004年、2005年，数以万计的村干部投身创业，4000多名机关事业

目前国内最大的综合性私立医院——瑞慈医院

单位和乡镇干部扶持创办民营企业，3000多名机关事业单位干部提前退休或辞职创办民企，17000多名下岗失业人员实现自谋职业和自主创业。南通民营经济呈现爆发式增长的态势，两年时间，全市个体工商户总数跃居全省首位，民企注册资本总额2004年超过常州，2005年超过南京，2006年超过无锡，跃居全省第二。全市出现了“乡乡有好产业，村村有好企业，家家有好收入，人人有好就业”的生动活泼的喜人局面。

吸引市外民营企业前来投资，是南通做大做强民营经济走的又一着好棋。随着苏通长江大桥的建成，南通跻身上海一小时交通圈、经济圈、都市圈，成为长三角城市群中接受上海辐射、承接国际资本转移的最佳平台，也为民间资本投资南通开辟巨大的空间。南通各县（市）、区纷纷打通血缘、地缘、业缘、学缘等人脉关系，加强沟通推介，拓展招商通道。全国民企500强集聚的地方，几乎到处可见南通人招商的身影。

如皋市以商会为平台投资的中国肠衣城、太阳能工业园、长寿食品工业园等产业园区初步形成。海安县编印了民企500强名册发放到600多家定报企业，架设了优势企业与500强对接的桥梁。通州市加强与民企500强深度对接，浙江德力西集团投资7.84亿元兴建的再生资源利用项目已经签约大桥工业园区。海门市积极推进招商载体从乡镇工业集中区向滨海工业新区等“四大增长极”为主体的大平台跨越，增强了承载民资大项目的能力。崇川区加强标准厂房的建设和使用管理，建成标准厂房12万平方米，同时明确投资额1000万元以内的工业项目一律进驻标准厂房。港闸区按照“义乌式市场商贸区”“周庄式旅游区”“道口式楼宇经济区”等定位，加快建设项目载体。开发区全面启动“三镇两场”共建的20万平方米民营工业集中区，构筑招商新载体。3年来，南通共引进市外民营企业超过13000家，登记市外民营企业注册资本超过870亿元，市外民营资本成为全市民营经济发展的重要助推器。

面对经济全球化和国际国内市场竞争日趋激烈的趋势，如何提升南通民营经济的发展质量和水平，增强民营经济的活力和竞争力，南通又适时提出了由铺天盖地向顶天立地转变的口号。

2005年，“名企、名品、名人”成为江海大地上最热门的词汇。以争创“三名”为抓手，南通有力推动民营经济从规模扩张向量质并举转向。仅2007年，就有11家企业进入全国民企500强，14家企业进入全省民企百强，九鼎新材料等3家民企成功上市，民营上市企业累计达9家。民企新增中国名牌13件，累计达25件，用3年时间从“零”的突破一举进入全省前三强；新增中国驰名商标5件，累计达7件；新增国家免检产品27件，累计达46件。

如今，民营经济成为南通各种经济成分中最具生机和活力、覆盖面最广、影响力最大的一种新经济成分，成为推动南通经济和社会全面腾飞的另一个巨大的引擎。

中国民营经济发展论坛在南通举办

第六章 大桥之梦

2007年6月18日，苏通长江公路大桥胜利合龙。在刚刚合龙的1088米主跨上，苏州市委书记王荣与南通市委书记罗一民热烈拥抱在一起，表达了两市1000多万人民对大桥的期盼和赞美。

2008年5月25日，北京奥运会火炬传递活动到江苏。祥云火炬从苏州传递到南通，交接仪式在苏通长江大桥中央举行，奥运圣火在苏通大桥上顺利通过。6月30日，江苏省举行了隆重而简洁的通车典礼。省委书记梁保华、省长罗志军和劳模代表为大桥胜利通车剪彩。

全长32.4公里的苏通长江大桥创造了“最大主跨、最深基础、最高桥塔、最长拉索”4项世界纪录，成为中国由世界桥梁大国迈向世界桥梁强国的标志性工程，圆了南通人“天堑变通途”的世纪梦，更圆了中华儿女的“屹立于世界民族之林”的强国梦。

大桥之梦，是世纪之梦，南通人为圆这世纪之梦锲而不舍地追求，改革开放让南通人梦想成真

在南通民间，流传着“南通州北通州南北通州通南北，东当铺西当铺东西当铺当东西”的趣联。北通州是指北京近郊的通县（现通州区），而南通州就是指南通。据明《万历通州志》记载：“州之东北，海通辽海诸夷；西南，江通吴越楚蜀；内，运河通齐鲁燕冀。故名通州。”《读史方舆纪要》记载：“州据江海之会，由此历三吴，向两越，或出东海，动齐燕，亦南北之吭喉矣。周显德取其地，始通吴越之路，命名通州。”

万里长江不知穿过多少崇山峻岭，浩浩荡荡，奔腾而下，才走到南通。在入海之前，它恋恋不舍，缓缓逗留，江面突然变得宽阔，宽阔得渺渺茫茫看不到对岸。自古不知多少怀有梦想的仁人志士，走到南通，只能是望江兴叹：南通呀南通，南不通！

五山叠翠

在狼山景区马鞍山山腰，张謇先生为怀念他的恩师翁同龢建了一座小楼，取名虞楼，又称望虞楼。在天气晴好的日子里，登虞楼，可影影绰绰看到大江南岸常熟的虞山。张謇先生和常熟的名人翁同龢有忘年之交、师生之情。张謇在他生命最后的几年里，常常登上虞楼，怀念葬于虞山的恩师。虽近在咫尺，却只能隔江眺望！

即便是改革开放初期，南通与江南的交流沟通仍主要靠船。乘坐长江客轮到上海要行六七个小时，遇上大风大雾天气只能停航。南通与对江沙洲县（现张家港市）的往来要乘坐更为落后的木制小客轮。

南通人不会忘记1987年5月8日这个日子。这一天上午11点15分，由南通港开往沙洲十一圩的南通市轮船运输公司江苏0130号客轮，行至江中与武汉长江22033号拖轮相撞。客轮顿时倾翻，客轮上的乘客与船员全部落水，死亡105人，失踪9人，仅有7人生

大江东去——龙爪岩

中国佛教八小名山之首——狼山

还。这一事故震惊了全国。

虽然后来海事法院判定主要责任在武汉拖轮方，主要肇事者也受到刑事处罚，但它在南通人的心中留下了永远的痛。渡江客轮后来因设施落后、客源锐减而停开了。长江客运也因为公路的激烈竞争和自身的劣势在后来的几年急剧萎缩，以至在10年后彻底停航。

为解决长江交通问题，更为了尽快“融入苏南，接轨上海”，南通人搞过气垫船、高速客轮，还先后在长江上建了通沙（南通至沙洲）、通常（南通至常熟）、海太（海门至太仓）、皋张（如皋至张家港）4个汽车轮渡。随着经济的发展，高峰时一天有好几万辆汽车通过汽渡往返大江南北，经常出现几百辆乃至上千辆汽车绵延几公里停在汽渡两侧等待过江的情景。

然而因为汽渡通过时间慢，受天气影响大，在招商引资的过程中，南通人吃够了长江天堑之苦，“一桥飞架南北，天堑变通途”，成为南通人难以割舍的梦想和孜孜不倦的追求。

1986年11月，时任中共中央总书记的胡耀邦来南通考察，市委书记朱剑就汇报了建一条过江通道的设想。后来接任南通市委书记的吴镕，曾多次向交通部新老两任部长钱永昌、黄镇东提出南通建过江通道的请求。南通市政府还聘请专家，启动前期的水文地质勘察和资料准备工作。1997年，听说苏州和南通之间要造长江大桥，年仅6岁的苏州小朋友石艺玮给时任南通市委书记的周福元写了一封信，并寄来200元压岁钱，捐给大桥建设指挥部，这令周福元和南通人民备受感动。更令人难忘的是，2002年初，时任中央政治局常委、国务院副总理的吴邦国视察南通，他亲自察看大桥桥址，指示国家计委等部门加快审批进度。同时，还就崇启大桥选址问题协调上海方面给予支持。时任中央政治局委员、中央军委副主席、国务委员、国防部长的迟浩田上将一直关注并积极支持苏通大桥的立项建设，并多次来通检查指导工作。历任江苏省委、省政府领导的回良玉、李源潮、季允石、梁保华、罗志军等亲自为大桥立项和建设而奔走，经常到大桥建设工地视察和慰问大桥建设者。交通部原部长黄镇东、现任部长李盛霖非常关心和支持苏通大桥建设，亲临一线指导施工。先后担任南通市政府市长的徐燕、杨任远、程亚民等领导同志，为大桥的规划、设计、立项和开工建设都倾注了大量的心血。市委书记罗一民和市长丁大卫调到南通工作后，抓的最重要的一项工作，就是竭尽全力推进苏通大桥和其他过江通道的立项和开工建

依山傍水的南通城

2007年6月18日，苏通大桥顺利合龙

设。大桥建成前夕，江泽民同志为大桥题写了桥名。大桥通车之际，他又亲临南通视察大桥的雄姿。

在苏通长江大桥建设大事记上，有这样一些重要的记录：

1991年，江苏省组织专家进行跨江通道研究，提出了苏通通道的规划；

1997年12月，江苏省交通厅和南通市政府共同编制完成了《南通长江公路通道预可行性研究报告》；

1998年12月，江苏省向交通部、国家计委上报苏通大桥项目建议书；

1999年4月，交通部组织专家对苏通大桥项目进行行业评审，当年9月，受国家计委委托，中国国际工程咨询公司组织专家对项目建议书进行了评估；

2001年6月，经国家计委批准，苏通大桥项目正式立项；

2002年10月23日，国务院办公会讨论通过了苏通大桥工程项目；

2002年10月30日，江苏省委、省政府在南通市隆重举行苏通长江公路大桥奠基仪式；

2003年6月2日，在距长江入海口108公里处，苏通大桥建设工程打下了第一根钢管桩；

2003年6月27日，苏通大桥主桥正式开工建设；

2004年4月29日，苏通大桥南北两座主桥墩施工平台全部搭建完成，平台面积分别达到8664平方米和9568平方米，是世界上最大的供施工人员工作、生活的人工“陆地”；

2005年5月11日，苏通大桥北主塔墩承台提前浇筑完成，至此，承台与其身下密集的群桩共同构成了世界最大的群桩基础——苏通大桥的第一个世界纪录由此诞生；

苏通大桥建设指挥部揭牌

2005年5月19日，苏通大桥南主塔墩承台浇筑完成，标志着大桥基础施工取得决定性胜利；

2005年7月12日，苏通大桥最后一根，也是第1786根钻孔灌注桩浇注完毕，长8146米的跨江大桥部分开始转入水上施工阶段；

2006年7月4日，苏通大桥首节钢箱梁开始吊装，标志着苏通大桥建设进入桥面安装

2002年10月30日，苏通大桥奠基

青春之光

阶段；

2006年10月1日，苏通大桥南北主桥塔浇注完成，这两座主桥塔高达300.4米，是目前世界桥梁主塔的第一高度——苏通大桥的第二项世界纪录诞生；

2007年5月21日，苏通大桥的四项世界纪录之一——最长的一根斜拉索在江阴制作完成，至此，使用国产钢丝制作的苏通大桥272根斜拉索全部完工，并达到国际先进水平；

2007年6月18日，苏通大桥胜利合龙，跨径达1088米的苏通大桥主跨部分实现全面贯通，这标志着苏通大桥所创造的又一项世界纪录——最大主跨诞生，与此同时，4根长达577米的斜拉索也挂在了南北主桥塔顶端与大桥桥面之间，这是目前世界桥梁中最长的斜拉索；

苏通大桥完成首段箱梁悬拼

2008年1月15日，65辆满载石块的大卡车排成队列，缓缓驶上苏通大桥主桥，遍布全桥的1000多个测试点采集的数据表明，主桥顺利通过“大考”——标志着苏通大桥已具备通车条件。

大桥之梦，是世世代代的南通人永远延续的梦。这梦，是一代代南通人在脑海翻腾不息的理想之光，是一代代南通人怀抱梦想醒来锲而不舍的探索和追求。只有在今天，只有我们伟大的祖国和改革开放的伟大时代，才给南通有了圆这世纪之梦的千载难逢的历史机遇。

苏通大桥完成索塔横梁施工

玉龙卧波

南通市委书记罗一民和李菊进行奥运火炬交接

2008年5月25日，奥运冠军李菊在苏通大桥上传递火炬

最高塔桥在中国

苏通大桥成为凝聚中国人奋发图强精神的一个典范和体现中国人自主创新能力的一面旗帜。在我们享受它带来的便捷的时候，不应该忘记万余名建设者为之拼搏的近两千个日日夜夜……

苏通大桥选址在相对不宽的一段江面，所谓不宽，仍有8公里。

2003年5月的一个黄昏，当苏通大桥建设项目部经理、中交集团第二航务工程局有限公司副总经理刘先鹏带着公司的一帮重庆汉子，从上游尚未完工的润扬大桥赶到苏通大桥桥址所在的江段时，眼前是苍茫一片的芦苇荡，滔滔江水滚滚东去，对岸的景物在夕阳下依稀难辨。

此时，这位近年在中国桥梁建设中屡建奇功的虎将、被誉为“造桥少帅”的年轻人听到旁边有人嘀咕了一句：“这么宽，哪里还能建桥啊！”

后来，当刘先鹏拿到测量部门给出的数据后，他明白，自己遇到了有史以来最难啃的一块“骨头”。这里不仅江宽，而且浪急；由于距入海口仅百余公里，江水一天有两次潮汛，潮差2～4米；江面一年中有近一半时间刮着6级以上的大风，偶尔还有台风入境；平均年降雨超过120天，大雾31天；主航线上日均通过船只近3000艘，高峰期超过6000艘；主塔区水深30多米，基岩则在270米厚的沙土覆盖层下面，桩基根本打不到岩石上……

“我不敢说这里面的任何一项都是最难的，但是，当它们全都集中在一起出现时，我敢肯定前所未有。”技术人员出身的项目部党委书记万骏义这样说。

然而，就是在这么一个地方，现在不仅要建桥，而且还要建世界第一的斜拉索桥。苏通大桥建设指挥部现场总工程师吴寿昌说：“当时我们就知道，苏通大桥将面临许多全新的课题，因为现有的技术根本无法满足这座桥的建设。此前，世界上仅有两座主跨超过800米的斜拉桥，我国斜拉桥之前的最大主跨度只有628米。而且国际桥梁界的权威曾经预言，斜拉桥的单跨不可能突破1000米。”

正是因为有这种种的不可能，大桥建设指挥部、施工项目部会同有关专家学者，在大桥建设前期和建设过程中进行了大量的试验。即便是今天，在苏通大桥的北侧的一个堆场上，我们还可以看到那些用于各种试验的设施，它们大多已锈迹斑斑。那斑驳的痕迹似乎正在诉说着那段激情燃烧的岁月，诉说着当初大桥建设者们不畏艰难、上下求索的历程。

提起那段往事，苏通大桥后场工段长吴兴勇感慨万千。他说，那时，这里还是一片庄稼地，是他带着几十个工人，苦干了两三个月，在这片农田上建起了后场工地、项目部各部门办公室和职工宿舍。

跨江长虹——苏通大桥雄姿

2003年7月19日，苏通大桥开始架设桩基础施工平台。到7月31日，12根长60米、直径为1.4米的平台钢管桩被打入江中，并连成了一体。然而，就在这一天，恰逢天文大潮，江面狂风大作，江中潮流涌动，12根钢管桩在水流撞击下剧烈摇摆，最后竟生生地被拦腰折断。更危险的是，此时，两台没有动力的打桩船还系在桩上。正在船上的刘先鹏惊出了一身冷汗，赶紧调集动力驳船拉住打桩船。后来，船是拉住了，但苏通大桥的第一次平台搭设宣告失败。

没有金刚钻，难揽瓷器活。作为大桥建设的前提，施工平台搭不起来，桩基础施工就无法进行，更别提桥墩和桥塔了。

在从工地回宿舍的路上，刘先鹏懊恼不已。就在此时，他接到了省交通厅副厅长、苏通大桥建设指挥部现场总指挥游庆仲打来的电话："这是老天爷在帮我们的忙，不是坏

事。”游总指挥的意思是，早一天遇到问题可以早一天找到解决的办法，早一天遇到挫折可以早一天提高警惕。

一场关于桩基础平台搭建的“攻坚研讨会”很快就在项目部小小的会议室里召开了。虽然平日里此类技术讨论会也经常举行，但这次气氛明显凝重了许多。工程师们“会诊”后判定，在30多米的深水中，钢管桩自由长度大，很容易在强水流的冲击下产生震荡，发生断裂。看来必须使用更粗大的钢管。然而，长1.4米、重14吨的钢管桩已经接近现有工程施工的极限了。再大的钢管怎么起吊？怎么打入？国内外关于桥梁建设的资料中都没有相关的记载。

这无疑是一个挑战。“正是因为前人没有做过，所以，我们做出来才更有意义。”项目部总工程师张鸿这样说。

2008年6月30日，苏通大桥胜利通车

集体婚礼在即将通车的苏通大桥上举行

短短数日之内，这群建设者夜以继日地寻找解决问题的办法，他们最终把目光聚焦在了直径 2.8 米的钻孔桩钢护筒上。

“护筒本来就是要打入大桥底基，作为永久支撑结构存在的。”张鸿说，“为什么不直接把它也作为桩基础的一部分？”

事后证明，这的确是一种一举多得的好思路。接下来要解决的问题是如何把这些每根直径为 2.5～2.8 米、长 114～117 米、重 60 多吨的大家伙打下去。

有人说，国外有能够产生600吨震动力的震动锤，可以解决打桩的问题。但接下来的问题是，如何保证每根桩的工程精度呢？因为要在一块足球场大小的江面上打下131根钢护筒，每根护筒之间的距离也就两三米，如果垂直精度不够，两个护筒在土层里发生碰撞，或者引起120米深的灌注桩基础相互碰撞，那整个基础就毁了。几年之后，回忆起这段经历，刘先鹏仍然感慨万分：“这是大桥的关键节点，我们连失败的机会都没有啊！”

苏通大桥的建设者们毕竟是一支在多项大型桥梁工程中磨炼出来的队伍，不会在困难面前低头。还是那位刘先鹏，他从桥面液压吊机上获得灵感，将它稍作设计修改，就产生了一个桩基础引导装置。这个装置相当于一个可以张开嘴的环形限制圈，护筒进去之后，嘴再一收，基本上就把护筒控制在一个很小的范围之内，打桩精度自然能够得到保证。在大桥指挥部担任顾问的外国专家也不得不佩服他们解决问题的智慧和能力。

工人们一丝不苟按照事前制订的方案操作，护筒的垂直精度误差居然被控制在了八百分之一以内，远高于项目设计的二百分之一和国家百分之一的误差标准。正是有了这样的精度，才有了后来苏通大桥 300 多米主桥塔误差仅四万分之一的骄人战绩。

大桥建设者对科学高峰的勇敢攀登和对技术精益求精的态度，使苏通大桥成为长江上百余座大桥中规模最大、技术水平最高的一座大桥，当之无愧地赢得了“万里长江第一桥”的美誉

2005 年 5 月 19 日，苏通大桥南北两座主桥塔基础的承台竣工，它标志着苏通大桥的第一个世界之最——最大最深群桩基础建设提前完成。接下来，建设者们面临的一个新的世界级难题就是 300.4 米高的大桥主桥塔塔身的施工。

南北两座主桥塔可以说是苏通大桥的精髓所在，因为这座大桥主桥上产生的所有的力最后都将传递到塔身，然后再由它传递给基础。因此，塔身建设对精度的要求非常高，稍有闪失，主桥就难以形成一个近乎完美的受力结构。

风是威胁大桥施工的第一大因素。按照气象学原理，地面高度每增加100米，风力就

“百花齐放”

点击桥网

增加一级，以300米高的主塔推算，江面如果是6级风，那么顶上就是9级风。而苏通大桥所在的江面上，恰恰一年有半年时间风力超过6级。

风，首先威胁的是施工人员的人身安全。为此，项目部在高达310米的塔吊内安装了风速测量仪，时刻监测风速变化，一旦超过警戒线，所有人员立即撤离。这保证了大桥施工安全。

风，其次威胁的是工程质量。塔身建设几乎完全依靠的是液压爬模技术，可是国产爬模最多只能抵抗每秒30多米的风速，一旦爬模在某次大风中受损，那将对塔身带来不可弥补的伤害。为确保万无一失，指挥部和项目部引进了国外的液压爬模。在消化吸收之后，创造出了具有自身特点的、能够抵抗每秒70米风速的液压爬模。技术人员还对使用方法进行了创新。在施工过程中，采用这一创新的工法，不仅风雨无阻，而且创出了日均塔柱爬升1.5米的极限速度。消息传开，许多国外同行不远万里赶到工地现场取经。

阳光照射对于塔身浇筑也是一个不容忽视的因素。塔身受照射的一面与背光的一面存在很大的温差，温差会使主塔产生4～5厘米的摆动，行业内称这种变化为“背日葵”现象。日照摆动加上高塔在风中产生的风振，让施工中的塔身上端一直处于晃动状态。

苏通大桥的建设者不允许晃动影响塔身精度和建设质量。他们想到的办法是，在大桥上安装200多块光学棱镜，利用棱镜的观测数据随时计算出塔体的铅锤状态，保证主塔的垂直度时刻控制在自己手中。

在项目部副总工程师罗承斌的眼中，上塔结构中钢锚箱的安放也特别值得一提。钢锚箱是用来直接铆接斜拉索的，它们一个个垂直叠加在“人”字形主塔上。如果上下钢锚箱之间垂直度出现偏差，那么力的传递也会出现偏差，从而影响整个塔体结构和稳定性。然而，一个钢锚箱的重量就达70吨，还要通过塔吊安放到距离桥面200多米高的塔体上，谁也无法保证在此过程中不出现小的偏差。

能否控制这种偏差的出现？解决的办法最后竟如此简单——加垫片，让每一个钢锚箱在上塔之后还可以调控。罗承斌说：“在实际安装中，还真出现了细小的偏差，但通过垫片的调整，问题迎刃而解了。”

正是建设者们这种精益求精的态度，让苏通大桥的“通天塔”稳稳地屹立在长江之上，宛如天神的肩膀。难怪国际桥梁协会的前任主席伊藤学教授在参观大桥之后，频频回望，不断称赞：“太完美了！”

2005年11月，以求实态度和探索精神著称的美国“国家地理”频道到苏通大桥采访，拍摄了反映大桥建设的专题片，片名为《无与伦比的工程》。

南通各界人士慰问苏通大桥建设者

2006年8月31日，科技部部长徐冠华视察苏通大桥后说：“以苏通大桥为代表的中国桥梁建设是我国自主创新的一面旗帜。”

5年来，苏通大桥的建设者们为保障工程进度和质量，殚精竭虑，创造出了一项又一项新技术与新工法。比如，为了防范桥墩遭船舶撞击，他们对施工临时钢吊箱进行了改造，成为永久防撞结构，大大提高了桥基群桩抗撞能力；又比如，为了加强桥面钢箱梁的抗风性能，他们组织了大比尺风洞试验，开发出了成套的抗风减振措施，成功地解决了特大跨径斜拉桥的抗风问题……

据统计，苏通大桥共形成世界级集成技术创新5大项12个分项，国内领先技术3项，完成重大新型材料开发2项，新型设备研发2项，重大工程理念创新3项，27项科研项目被列入江苏省交通科研计划，10多项专利获得国家批准，21项新型工法编制完成。

2007年，苏通大桥“千米跨径斜拉桥建设关键技术研究”被列为交通部“十一五”科技重大专项中的第一项，“苏通大桥建设关键技术研究”被科技部列入“十一五”国家科技支撑计划。一个具体的桥梁工程项目受到如此礼遇，在我国桥梁建设史上还未曾有过。

有人曾经统计过，在苏通大桥建成之前，从上游至下游，6300多公里的长江江面上已有大大小小的桥梁164座。而作为第165座，苏通大桥是其中规模最大、技术水平最高的。这让它当之无愧地赢得了“万里长江第一桥”的美誉。

大桥、大港两大战略支点的确立，标志着南通真正意义上进入了通大海、通上海，大开放、大开发的桥港新时代；同时，也整体提升了长三角发展的环境条件，并由此揭开长三角城市尤其是长江口两岸城市合作与发展的新的一页

“融入苏南，接轨上海，走向世界”，是南通人最强烈的愿望。随着苏通大桥建成通车，这个愿望插上了翅膀。大桥带来的“同城效应”，使南通与苏南、上海的交通距离与心理距离都一下子拉近了许多。越来越多的南通企业家跃跃欲试，要到大上海，并通过上海这个大跳板到国外谋求更大的发展，上海的经济界和理论界也更加看好南通。

为推动南通深度接轨和融入上海，南通的决策层在深入调查和深思熟虑的基础上，提出了构建沪苏通“小金三角”的战略设想。

从区域发展板块上看，长三角堪称中国的一个“大金三角”。而地处长三角北翼的南通，与隔江相望的上海、苏州构成的“小金三角”，是“大金三角”的核心区域。构建沪苏通“小金三角”，就是要依托沪、苏、通三市区域相连的地缘关系，强化发展上的深度

南通交通体系图

融合之势，把沪苏通区域整体打造成为长三角地区经济最发达、城市功能最完备、一体化程度最高、集聚辐射能力最强的新型城市组团。

南通与上海隔江相望，地域相连、人缘相亲、文化相近、经济相融。早在20世纪初，张謇先生就学习上海的先进理念，依托上海的口岸、市场、技术、人才等要素，在家乡兴实业、办教育、建城市，使南通成为当时闻名中外的工商业城市和中国民族工业的发祥地之一，开创了近代文明的辉煌。

近年来，南通成立了由主要领导挂帅的接轨上海工作机构，制定出台了《南通市接轨上海工作纲要》，从基础设施、体制机制、产业发展、要素融合、城市功能等各个方面，实施与上海全方位的策应和对接。在南通主动接轨上海的同时，上海从政府到民间，从理论界到经济界都十分看好南通的潜力，与南通形成宽领域、广范围、多层面的合作关系。在承接上海产业转移上，仅2007年南通就从上海引进民资68.45亿元、外资2.18亿美元，目前南通50%以上的企业与上海有着直接业务联系，上海轮胎、熔盛造船、振华港机、上钢三厂等一批大项目先后落户南通，“沪通工业走廊”已具雏形。南通建筑业常年在沪施工人员超过10万人，2007年在沪施工面积超过1730万平方米。南通外贸供货额中的75%是通过上海口岸出口的。作为上海国际航运组合港的南通港，已与上海港达成了建立合作机制、促进联动发展的意向。在主动当好上海“菜篮子”和“后花园”方面，南通农副产

苏通大桥夜景

品外销额中的70%销往上海。南通已成为江苏接轨上海的重要桥头堡和上海重要的经济腹地。

2008年4月10日，南通市领导干部会议提出，要抓住桥港梦圆带来人气高涨、商气旺盛的新契机，在全市掀起新的思想解放热潮，用新的视角、新的定位和新的思维，创新发展的理念、思路、方法和举措。

2008年6月19日，南通市委、市政府在沪举行接轨上海工作汇报暨投资环境说明会。中共中央政治局委员、上海市委书记俞正声亲切会见了南通市委书记罗一民、市长丁大卫一行，并听取了南通接轨上海的工作汇报和构建沪苏通“小金三角”的战略设想。俞正声指出，沪苏通的共同建设必将有力推进长三角的一体化发展，他要求上海市委、市政府及有关方面大力支持沪通合作，共同为长三角一体化发展做出新贡献。并委派市四套班子领导及相关部门主要负责人参加南通在沪举行的接轨上海工作汇报暨投资环境说明会。市委书记罗一民在会上再一次向上海市和工商界人士提出了构建“小金三角”的战略设想，表示南通将抢抓上海支持长三角城市发展的机遇，全面提升双方的合作层次；抢抓上海加快产业转移的机遇，全面提升南通的产业能级；抢抓上海加快航运中心建设的机遇，全面提升南通的沿海优势；抢抓上海大力发展服务业的机遇，全面提升南通的产业结构；抢抓上海推进浦东综合配套改革试点的机遇，全面提升南通的改革开放水平；抢抓上海建设现代化国际大都市的机遇，全面提升南通的城市化水平。

一石激起千层浪。上海理论界、经济界对南通的这一战略构想给予高度评价。有专家认为，苏通大桥已经开通，南通与上海的距离大大缩短，南通将像苏州一样，成为以上海为中心的长三角核心城市圈的重要一员。现今南通与上海的关系如同当年的浦东和浦西。当年因为解决了黄浦江的交通制约，通过政策引导，浦西对浦东的影响形成全方位的、密集的“瀑布效应”；构建沪苏通“小金三角”，不仅有利于南通发展，也是上海新一轮发展的重要机遇，由于“桥港时代”的到来，上海对南通的影响也将发挥出“瀑布效应”。随即，南通与上海签订了一系列战略合作协议。目前，上海张江高新技术产业开发区、上海外高桥保税区已经在海门和启东两地创办了产业园区，为沪上产业北拓合作找到了发展平台。

上海是南通走向世界的“第一跳板”，南通是上海北向拓展的“第一通道”。这已成为两市理论界和经济界的共识。

2008年6月28日下午，南通市委、市政府又在北京与中国生产力学会、中国国防科技工业企业管理协会，共同举办“走进桥港新时代，携手共创新辉煌——南通投资环境汇报会”，向北京社会各界介绍苏通大桥通车后南通重点发展的产业方向，加强南通与中央直属企业的对接和合作，期盼更多的中央大企业进军南通，实现双赢。

追求“同城效应”，谋变“桥港时代”，已成为南通各地区、各部门的共识和行动。

作为江北第一个全面小康达标市的海门，靠江靠海靠上海。苏通大桥的建设，使海门的区位优势凸显，国内外客商纷至沓来。但在宏观调控的大背景下，土地资源变得十分珍稀宝贵。海门市委、市政府一班人创新思维，拓宽视野，在江海联动开发中找到了应对举措。

在海门的西南角长江边，有一片荒芜的江滩“通海沙”，芦苇丛生。然而在海门市领导眼里，这里却是一块“金滩”。经过批准，海门集中全市之力，经过日夜奋战，终于在苏通大桥建成通车前成功围堤10公里，获得了8000亩土地资源和8.1公里岸线资源，其中深水岸线有3公里。目前，二期工程正在快速推进，完工后可再获得3公里的深水岸线和大量的土地资源。

在海门东北角靠海的一片荒滩中，海门人又发现了“宝贝疙瘩”——闲置多年的海门盐场。通过置换、土地平整，又“挖掘”出近万亩宝贵的土地资源。同时，东灶港国家级中心渔港的建设和小庙洪深水海岸线的开发也在全力推进之中。

如今，总投资10亿元的江苏上钢船板有限公司来了，仅一年时间就建成投产，年产值将超过70亿元。

出水蛟龙——苏通大桥全景

世界500强的美国泰森公司来了。投资8500万美元在滨海新区建设江苏泰森食品，已于2008年4月26日奠基。

具有世界一流原创药物研发水平的慧聚药业来了。2008年10月一期工程竣工投产后，3年内可望赢利4000万美元。

大唐电厂、国电、宝钢、瑞士索亚、丹麦马士基等一批企业巨头也被海门的江海资源和区位优势所吸引，纷纷前来洽谈投资事宜。

为了建成上海的“后花园”，海门不惜巨资请海外归来的设计专家，高起点定位，高水平规划，实施城市南进战略。为此，海门着手迁移盘踞江边多年的化工企业群，规划启动沿江景观带建设，发展生态旅游，要把沿江地区打造成海门的“外滩”。

苏通大桥的北桥头堡在通州境内。早在2003年，通州市委、市政府就抓住苏通大桥建设的重大机遇，决定将紧靠长江和苏通大桥的张芝山镇整建制规划为苏通大桥工业区。2004年2月，由国家发改委产业经济与技术经济研究所牵头，北大、清华、北师大等著名高校和科研机构联合编制的苏通大桥工业区总体规划通过了专家评审。大桥工业区规划建设机械制造、高新技术、现代物流和商贸服务4个产业园。2007年，通州邀请南京理工大学专家对张芝山镇和大桥工业区核心区进行控制性详规，同时邀请省发改委对现代物流园进行规划。随着苏通大桥的建成通车，大桥工业区已成为通州最具潜力的经济增长极和加速新型工业化进程的示范区。

启东、如皋、如东、海安等地都拿出了加速接轨上海的新举措。

如长虹卧波，横亘于春潮涌动的大江之上，苏通大桥以其伟岸的身姿昂然挺立于蔚蓝的天空与滚滚的江涛之间。巍峨高耸的主桥塔，犹如巨人钢铁般的臂膀，挽起片片白云，衬托着“海阔天空”的壮丽；银光闪烁的根根斜拉索，组合成一台举世无双的竖琴，弹奏着“山鸣谷应”的乐章。苏通大桥以其伟岸的身姿和恢宏的气势，为长三角核心板块的聚合构筑起一条永久的和谐走廊。长三角的凝聚力和辐射力将因此大大增强，长三角核心圈新的发展大势将因此形成，南通，因此站到了跨越发展的更高更大的历史平台上。

第七章 大港之梦

翻开中国的版图可以看到，南通东濒黄海，南临长江，形似半岛。南黄海和长江半包围着江海大地，形成了数百公里的江海岸线，其中不少岸线有不可多得的良好建港条件。建设通江达海下五洋的东方大港，是多少年来多少代南通人孜孜以求的梦想。

改革开放以来，坚定不移走以港兴城之路，南通港实现了从地方小港向拥有万吨级泊位的海港、千万吨大港和亿吨大港的“三级跳”

有朋自远方来，好客的南通人是一定会邀你去登一回狼山，看看滔滔东去的大江和江畔雄伟的港口的。

狼山，与毗邻的军山、剑山、马鞍山、黄泥山，是江海平原上罕见的自然奇观，长江入海口绝佳的水上盆景。“狼五山”原是茫茫大海上的5个岛屿，由于大江和大海的造化，沧海变成桑田，岛屿也逐渐与大陆连接，成了江边气象万千的名山。狼山最初因山形似狼而得名，又传说山上曾有白狼出没，故又名白狼山。古人在山顶极目远眺，有“东邻日本连环岛，北接朝鲜破釜云”的感受。北宋政治家、文学家、思想家王安石曾登临狼山，惊叹这里“影带诸夷，气吞吴会”，写下《狼山观海》诗篇：“万里昆仑谁凿破，无边波浪拍天来。晓寒云雾连穷屿，春暖鱼龙化蛰雷。阆苑仙人何处觅？灵槎使者几时回？遨游半是江湖里，始觉今朝眼界开。”在山顶山门之外的石柱上，一副“长啸一声山鸣谷应，举头四顾海阔天空”的对联，曾令无数南通人欷歔不已，感慨万千。多少年来，南通的仁人志士登临狼山，观江看海，都要感叹一番，梦想有朝一日，南通能真正做到“海通辽海诸夷”。

但是，在闭关锁国和饱受帝国主义列强凌辱的年代，要实现这个梦想谈何容易！

繁荣的南通港

1904年，张謇先生为了实现“建设一新世界雏形”的宏愿，在唐闸创办大生纱厂的同时，在天生港创办了大达轮步公司，建造了“通靖”、“通源”两座木质栈桥式码头，开始了货物装卸运输。这是南通最早的长江码头，也是南通港诞生的地方。然而此后的几十年里，天生港不但没有发展，而且和她的祖国一样，饱受凌辱和磨难，一直处在风雨飘摇之中。

即便是到了20世纪中叶，南通港依然只是一个地方性小港。除了因为她的南边有上海港以外，还因为当时南通也被划为海防前线，国家几乎没有一个像样的重点项目放在这里。

改革开放以后，随着国家大规模建港热潮的兴起，南通港开始了真正意义上的港口建设。1980年12月，长江上第一座万吨级海轮泊位在南通港建成。

1982年11月，全国人大常委会批准南通港对外籍船舶开放，拉近了南通港与世界的距离。

1983年5月，巴拿马籍外轮“格陵兰海号”停靠南通港口，开天辟地迎来了第一艘外籍船舶。

正是由于有了港口的开放，1984年4月，南通被列为全国首批对外开放沿海港口城

江东船都

百年南通港

市。南通港才有了千载难逢的机遇，站到建设东方大港的起跑线上。

面对20世纪末长江流域爆发的“码头大战”的挑战，适应进入长江港口船舶呈大型化的趋势，南通在沿江城市中又率先建设了5万吨级、7万吨级乃至10万吨级的泊位，为“三级跳”奠定了坚实的基础。

南通港夜景

1949年，南通港口吞吐量只有3.8万吨。1985年，南通港年货物吞吐量首次突破1000万吨，跻身全国沿海十大港口之列。1998年，南通港又用了13年的时间，使年货物吞吐量达到2000万吨。

“十五”期间，在南通市委、市政府“沿江开发、江海联动”战略指引下，港口管理部门加大了规划、管理、服务的功能，港口企业加强了生产经营管理，南通港口吞吐量以每年2000万吨上下的速度猛增，年平均增幅达25.5%，最高年份达44.1%。2006年，南通港货物吞吐量首次突破亿吨，成为沿海第十个、全国第十二个亿吨大港，在南通港口发展史上取得了里程碑式的成就。

港口巡逻

增长方式上注重总量增长向质态提高转变，港口建设上注重沿江向沿海转变，港口发展方向上注重大港向强港转变，已跨入亿吨港行列的南通港有着更远大的抱负

谈起南通建港的自然条件，南通港务局局长施伯香眉飞色舞，如数家珍。他用了4个字加以概括："全国少有。"

施伯香说，南通长江港口具有5大特点：一是江面宽阔。南通港口江面平均宽度达8公里，最宽处10公里以上。许多外国人都为南通有如此宽阔的长江江面而惊讶。二是航道较深。南通长江-10米水深的航道宽1500米以上，-20米水深宽度800米以上。2007年2月27日首艘20万吨巨轮"钻石武士号"抵靠南通港后，南通港接靠外轮"全面开花"。到2008年5月底，已接靠15万吨级以上的巨轮349艘。三是岸线顺直。长江主航道靠近南通一侧，南通港166公里长江岸线基本上是一直顺江而下，由于靠近长江主航道，南通的长江岸线微冲不淤，不需要挖泥，大大节约了建港成本。四是集疏运体系发达。南通港口水上中转条件优越，南通港亿吨吞吐量中，大约有一半是通过长江中转到中上游地区的。目前，南通港已有宁启、沿海等高速公路相通，不久以后又有铁路相连，水上中转、水公中转、水铁中转都非常方便。五是经济辐射面广。溯江而上，南通港可通皖、湘、赣、鄂、渝、川乃至云、贵等省。近年来，新疆、青海等省、区也有物资从南通港进出，可以说南通港经济辐射面接近半个中国。

除了沿江的如皋港区、天生港区、南通港区、任港港区、狼山港区、富民港区、江海港区、通海港区8个港区外，南通港沿海还有洋口和吕四两个港区正在建设之中。洋口港的开发建设已经列入江苏省港口建设总体规划和"十一五"开发计划，可望成为长江入海口北侧的深水大港，江苏乃至长三角地区天然气、油品、化工品集散中心。吕四港区位于启东境内。同洋口港一样，也是利用港口外侧的小庙洪水道深槽建设深水泊位，规划岸线长约20.3公里。大唐吕四电厂正在兴建两座5万吨级煤炭专用泊位。

建设中的如皋港

提起海港的规划和建设，施伯香显得特别兴奋。他说，当今世

海门港货运码头

界已经进入了海洋经济时代，世界上90%以上的物资是通过海洋运输的。海港，特别是深水码头就是同世界沟通联系的桥梁。沿海是南通港的潜力所在，前景所在。南通沿海港区与沿江港区相比，具有不可比拟的优势。一是通航等级大。由于长江口拦门沙的限制，进入长江最大的满载船舶只有10万吨，即使是长江口整治三期工程完成，水深也只有12.5米，20万吨甚至更大的船舶根本无法进入长江。而南通洋口港区航道深17米，稍加疏浚就可以达到20米以上，大型船舶在洋口港进出自如。二是岸线潜力大。目前，南通长江岸线直接能利用的已不多了，而南通沿海深水岸线有数十公里，可建设上百座深水泊位。三是陆域纵深大。长江港口都是狭长型的，最大纵深只有1000米，少的只有几百米。而南通洋口港区情况就不同了，仅海域使用权就有30平方公里，洋口港陆域纵深可达数公里以上，十分有利于发展港口经济。四是辐射范围大。南通

吕四渔港

沿海不仅具有长江的优势，而且高速公路、铁路通到港区，同欧亚大陆桥联系起来，辐射面更广。五是环保容量大。与沿江相比，沿海具有更大的环境容量，有利于重工和化工大项目落户。

谈到未来，施伯香局长充满信心。他说，根据《南通港总体规划》，南通港将发展成为长江三角洲综合运输体系的枢纽港，上海国际航运中心的组合港，集装箱运输体系中的支线港，和长江沿线能源、原材料海进江运输的中转港，以及长江中上游内外贸物资的江海转运港。南通港将实现“三个转变”：即在货物吞吐量的增长方式上注重总量增长向质态提高转变，在港口建设上注重沿江向沿海转变，在港口发展方向上注重大港向强港转变，演绎出南通跨越发展的新时代——桥港时代。

20世纪80年代初，经科学考察发现，在中国南黄海巨大的辐射沙脊群间，有一条原是古长江入海的主干道，恰似海底长江，可以依此建设深水海港。这一惊人的发现使洋口港战略地位大大提升

如东县县城名为“掘港”，一个从如东成陆开始一直延续叫了1200年的名字。公元9世纪，如东县的洋口港曾经9次见证了日本遣唐使团的到来。最后一次，838年7月1日，日本高僧圆仁就是从洋口海域烂沙洋深水通道成功登陆的。开掘海港，从洋口港驶向海外，是在南黄海之滨生息繁衍的如东人、南通人千百年来的梦想。

100多年前，中国革命的伟大先驱孙中山先生面对中国地图规划建国方略时，曾指着地图上的连云港、洋口、吕四等处说，要在这些地方建设“东方大港”。

古人的故事，伟人的梦想，曾在南通人的心中激起一股又一股热浪，脑海中升腾起一个又一个梦想。但是，望着范公堤外无边无际淤泥质的滩涂和大大小小数不清的沙洲，梦想一次又一次破灭，热情也一次又一次降到了冰点。

再次点燃人们激情的是江苏海岸带与海涂资源综合考察队的专家们。1980年初夏，他们到洋口港外海考察，乘坐小船在海上工作10余日，完成10多个勘测项目。发现在巨大的辐射沙脊群间，有一条稳定的深水槽。专家们当时对这一重大发现别提有多激动了。

在其后的5年里，这些专家多次来到海上，反反复复、一丝不苟地进行再勘测，其中有南京大学及河海大学的严恺、朱大奎、严以新、薛鸿超教授，还有唯一的女学者、现任南京大学地学院院长、中科院院士王颖教授。他们通过海底地质取样、地震剖面分析、海洋动力环境研究、卫星遥感分析及动用海军进行潜水作业，终于探明洋口港所处辐射沙洲

洋口港陆岛跨海通道开工典礼

中最大的黄沙洋—烂沙洋深槽，为3万年前古长江由此入海的主干道承袭而成，是现今来自太平洋进入黄海的前进潮波与进入东海的旋转潮波汇合及辐散的主通道。强大的潮流动力使这一深槽不淤不积，恰似海底长江，并以此为轴心，在江苏近千公里海岸外形成了一片辐射沙洲。此深槽两侧的沙脊形成对深槽的天然掩护。在这些沙脊中，距海岸16公里的西太阳沙高出海平面部分达6平方公里，其前方槽深达-23米，面积逾10平方公里。这一天然的深槽沙洲组合，是建设深水海港的绝佳之处。

几乎在同一期间，交通部水运规划设计院在对全国大陆海岸港址普查时，也发现了洋口港所处的黄沙洋—烂沙洋深槽，是江苏能建10万吨级以上深水海港的优良港址。

这一惊人的发现，对于临海无港的如东县来说如获旷世宝藏，县政府大楼为此几夜灯火通明，酝酿着一个宏伟的计划——开发建设洋口港。时任县计委主任的徐琢及滩涂局副局长周树立、县政府办公室袁新安等人被抽调到一起，为港口开发做前期准备。

在中国建港史上，还没有在平原淤泥质海岸建大港的先例。为求得专家的支持，1986年秋，周树立带着如东百万人民的建港梦想，前往天津求见中国著名港口设计大师、交通部天津第一航务设计院总工程师顾民权。来到中交天津一航院，得知顾民权还在由秦皇岛回天津的途中，周树立等不及了，便雇上一辆吉普车，往秦皇岛方向赶去，在途中乘上了顾民权所乘的那次列车，通过播音员找到了从未谋面的顾民权。

建设中的洋口港

顾民权总工程师被如东人诚挚和坚韧的精神所感动，对洋口港的建港资源也极感兴趣。百忙中的他推掉了其他事务，第三天就来到如东，急急登上小艇，在海上颠簸了几个小时，终于踏上了西太阳沙。看看前方的深水通道，又踩踩脚下的铁板沙，顾民权惊叹这是天赐的良港资源，并提出了港口建设的大胆构想：以深水通道建设深水航道；由两侧的沙脊充当天然的挡浪墙，阻挡侧流，消减侧浪；用西太阳沙做基础构筑人工岛，建造码头用地；人工岛前方深槽的最深区域做港池，建造若干个10万～20万吨级泊位；人工岛与海岸间铺设实堤与引桥，完成岛陆连接；岸边滩涂可实施围垦形成临港工业用地。后来制定的洋口港规划建设方案，基本上就是这个思路。

20世纪90年代第一春，全国101位著名的港口专家云集南京华东饭店，通过了《洋口港建港预可行性研究报告》的评审。随后，南通市政府也成立了相应的机构全力推进洋口港的开发。执著的南通人“任尔东西南北风，咬定青山不放松”，几届南通市、如东县的党委和政府都将这个项目牢牢抓在手中，目标没有变，班子没有散，竭尽全力，想尽办法，一步一步艰难地向前推进。

2003年3月，以“建设洋口港促进江苏经济可持续发展”为主题的第二届江海论坛在南京大学隆重举行，市委书记罗一民发表的《打造洋口深水大海港，实施江海联动新战略》的致词，全面阐述了开发建设洋口港的重大战略意义和发展远景，引起省委、省政府领导和众多院士、学者的高度关注，洋口港开发开始提上了全省的议事日程。令人激动的这一天终于到来。2003年11月18日，在千呼万唤之后，洋口港建设终于迎来了具有划时代意义的开工典礼，标志着南通新一轮沿海开发进入了实质性开发的新阶段。

2003年12月31日，当人们沉浸在辞旧迎新喜庆气氛中的时候，洋口港一期围堤工程顺利合龙。

2004年，在如东县委、县政府的努力争取下，《国家海域使用法》颁布以来全国最大的用海项目——洋口港30平方公里海域使用权，得到国务院的批准。

2004年7月28日，由如东县人民政府成立的江苏洋口港投资开发有限公司和香港保华德祥集团成立的香港创华公司共同出资组建的江苏洋通开发投资有限公司第一次董事会如期召开。会议决定，在2005年上半年正式建设岛陆通道，并同步开展人工岛建设工程。在3～5年内投资60亿元，全面完成洋口港基础设施建设。

洋口港引进的第一个大项目是江苏LNG项目。2005年4月29日，国家发改委正式同意江苏LNG项目开展前期工作，选址洋口港，由中石油集团为主投资建设，总投资约160亿元人民币，计划于2009年建成投产。

江苏LNG项目分两大块，一是LNG接收站项目，由中国石油天然气集团公司控股，新加坡金鹰集团、江苏国信集团参股。二是燃气电厂项目，由新加坡金鹰集团控股，中国石油天然气集团公司和江苏国信集团参股。项目总投资160亿元。LNG接收站项目计划一期投资规模为年350万吨，二期投资规模扩大到年600万吨，包括10万吨LNG码头、LNG接收站和181公里管道与西气东输管网相接。这是如东有史以来最大的投资项目。这一项目的启动，标志着洋口港的开发建设取得了实质性的突破。

2005年5月16日，市委、市政府在如东召开第一次洋口港开发建设推进会，吹响了南通举全市之力开发建设洋口港的号角。

太阳岛、黄海大桥等四项工程是洋口港开发关键的基础设施，总投资50亿元。在海上恶劣的环境条件下施工，无数建设者用汗水、心血和智慧，交出了一张张出色的答卷。

2008年6月，我们乘坐快艇前往距离陆地13公里的洋口港太阳岛，30多米宽的抛石岛壁已经海拔9米多高了，加上7米高的圆弧形胸墙，把大风卷起的大潮远远挡在下面。据介绍，这个防护设施按照抵御百年一遇的大潮设计、施工。

屹立在汹涌大海中的太阳岛向世人宣告：国内第一个外海无遮掩的人工岛在南黄海的洋口港诞生。江苏LNG接收站项目的一座座吊塔、一台台钻探机械正在日夜不停地施工。

太阳岛离岸最近处达13公里，低潮南侧露滩，高潮全部淹没，施工全部依靠船舶作业，受风浪潮汐影响很大。如东海面气象条件恶劣多变，风大浪急，潮差大，大汛期潮差

会战洋口港

达8.4米。潮流急，每月有效作业日平均仅有12天左右。施工期间跨越台风季节。如此复杂的外海建造人工岛在国内尚属首次，就是在世界范围内同类型人工岛成功率也只有49%，无成熟的经验可借鉴。承担施工任务的中交二航局三公司克服了种种意想不到的困难，解决了多个世界级的难题，硬是打赢了这场硬仗。

黄海大桥建设工程的领军人是中交二航局黄海大桥项目部常务副经理吴圣兵。

黄海大桥全长10.6公里，地处无掩护物的海洋区域，夏有台风冬有寒潮，海域潮差最高达8.1米，全年6级以上大风的天气高达80%以上，如此恶劣的施工环境直接导致可施工天数锐减，施工难度加大。由于没有外海施工经验可循，资金又严重不足，困难可想而知。吴圣兵没有在困难面前低头，他说："虽然咱们是靠天吃饭，但是只要把老天爷给的每一秒钟都利用好、工程的每个细节都注意到的话，我们还是能够成功的！"

吴圣兵深入施工现场，组织相关人员研究项目施工方案的优化，讨论降低项目施工成本的各种措施。他将黄海大桥分为深水区、浅水区、预制工区3个施工区，使劳动力、周转材料、机器设备达到充分使用状态；自行加工建造了7台10吨龙门吊，先后改造了3套设备，大大地降低了设备费用。他决定将栈桥支平台与钻孔桩平台相分离，使栈桥宽度得到降低，加快了栈桥的施工进度。他组织工人用陆上运输混凝土所用搅拌罐加运输船的方法代替搅拌船，大大节约了设备费用。

强将手下无弱兵。在他的带领下，近千名建设者克服重重困难，提前完成了施工任务。跨越大陆与海上太阳岛之间的黄海大桥于2008年7月合龙并通车。

与此同时，洋口港一系列重大项目建设也取得重大进展：

10万吨级加减载锚地建成，首次航道试航成功；

第一个万吨级泊位建成即将投入使用；

连接港区和外部重要交通枢纽的高速公路、铁路、运河等集疏运体系陆续建成；

首期10平方公里临港工业园正在加紧建设之中；

由中石油、新加坡金鹰、江苏国信等联合投资160亿元人民币的LNG接收站项目已经开工建设，一期工程年接收进口天然气350万吨；

新加坡金鹰集团投资110亿元的差别化纤维溶解浆及热电厂项目开工准备工作基本就绪；

LNG天然气项目开工建设之后，作为国家重点建设的绿色能源示范县，如东顺势大力发展电力、生物质能、太阳能光伏电池等能源产业。全国第一个国家风电特许权示范项目——总投资130亿元的如东百万千瓦风电场一期、二期工程已经并网发电，到2008年5月底止，累计上网电量已达3.5亿千瓦时，在全省率先实现了绿色电力上网的目标。待三期工程全部投产后，如东将成为全球最大的风力发电基地。除风电外，总投资近3亿元的我国第一个生物质发电示范项目在如东正式启动，海洋生物发电、强生集团太阳能光伏电池生产基地等项目也在紧锣密鼓地建设中。

洋口港效果图

蓝图正在一步步变成现实。2008 年底，洋口港一期工程将建成并初步实现通航，吕四港也将同步通航。与此同时，金牛岛、小庙洪水道、冷家沙、东灶港开发也进入启动阶段。到 2020 年，洋口港有望建成世界级亿吨深水大港、江苏出江入海的大通道，和上海南侧的洋山港遥相呼应，成为上海国际航运中心一南一北最有力的两翼之一，成为上海国际航运中心最具竞争力的组合港之一。

2008 年 8 月 1 日，江苏省和上海市共同在启东举行了崇启大桥奠基仪式。也就在这一天，市委书记罗一民、市长丁大卫在启东再次召开全市沿海开发工作座谈会。罗一民说，3 年前我们提出争当江苏新一轮沿海开发主力军的目标已经初见成效。今天，伴随着江苏沿海开发上升为国家战略层面，伴随着桥港时代的到来，南通沿海开发正在进入新的发展阶段，推进沿海开发必须起点更高、目标更高、层次更高、水平更高、成效更高。8 月 3 日，由国家发改委牵头 20 个部委组成调研组来到江苏，随后到南通沿海实地调研，就江苏沿海上升为国家战略进行研究和规划，描绘南通成为中国东部沿海经济重要增长极的更加宏伟的发展蓝图。

这是南通走向世界的一个具有划时代意义的里程碑。伟人孙中山100多年前的梦想今天终于成真，770 万南通人民的世纪梦想今天终于成真！

第八章
大船之梦

2006年6月29日，时任江苏省委书记的李源潮在南通考察时提出："南通要充分利用港口潜力，形成中国乃至世界级的船舶修造基地，争取2010年达到1000万吨生产能力，产值达到1000亿元。"

也就是这一年9月，世界船舶及配套产业发展高层论坛在南通举行。与会专家和造船巨头们一致看好南通造船的发展前景，认定南通完全有能力成为中国乃至世界的一个新兴的现代造船基地。

滨江临海的南通，自古就与船结下了不解之缘，南通人对于船，有一种神圣的企盼和景仰之情

南通，通江达海，水网纵横。源于对江海河湖的敬畏心理和征服意愿，自古以来，这里的人民对于船就有一种神圣的企盼和景仰之情。

1984年4月，如东县汤园乡出土了一只东汉楠木独木舟，长约15米，是用整段楠木刳成的，形如梭状，两端略上翘，横断面呈弧形。

1973年6月，如皋县蒲西乡出土一艘唐代木船。船体、舱面和樯桅所用木材均系松木和杉木。这艘船的船体长17．32米，舱面覆盖木板和竹篷，独桅，载重约20吨，是一种适合在江河中行驶的小型运输船。

1986年3月，如东县北渔乡出土一艘元代海船。船体狭长，船头尖削，船尾窄方，呈流线形，为远洋货船。

在近代，南通渔民还制造了适应江海交汇处多沙滩、风潮不定的航海木帆船——沙船，制造了适航于水流急、沙滩多、风潮影响大的长江下游航道的关快船。

南通人自古就与船结下了不解之缘。即便是走向现代化的今天，船在许多乡村仍是一种不可或缺的生产和交通工具。在通州市古镇石港的都史院村，因那里沟河纵横，水网密布，几乎家家都有一条长长窄窄只能载两三人的小木船，用于出行和运输。

南通博物苑展出的出土古船

然而，在改革开放前，南通几乎没有现代造船业，只有可数的几家小客货轮和渔船修造厂。“十年动乱”结束以后，国家曾投资在南通建了一家渔轮厂，生产小吨位的现代化渔轮。由于体制、机制等原因，一度陷入困境，最终被兼并。

作为全国首批对外开放的港口城市南通，城以港兴，港以城旺，港口经济在全社会经济总量中的占比不断提升。然而，与港口经济迅速发展并不协调的是，南通数百公里的江海岸线，一直与修造船业不搭边，港口经济中结构性的矛盾越来越突出。

造船业是人类最古老的产业之一，造船业又是现代制造业中技术含量和产业关联度很高的产业。中国要成为海洋大国，必须首先成为现代船舶制造业大国。

19世纪20年代开始的以蒸汽机和钢铁大量应用为先导的船舶技术革命，使造船业成为一个重要的国际性的综合产业。英国作为19世纪头号资本主义国家，一直到20世纪50年代仍是世界造船霸主。在第一次与第二次世界大战中，由于受战争影响，英国造船产量迅速下降；而在此期间，美国扩大造船生产，造船产量曾两度超过英国而夺得第一。

进入20世纪50年代，日本造船业的恢复与发展，打破了由欧美造船业一统天下的局面。1956年，日本商船下水量首次超过英国居世界第一。20世纪90年代，韩国开始赶超日本，并于21世纪初成为世界造船工业的新宠。韩国造船业在规模迅速扩大中也遇到了较多问题，主要是国内钢材与原材料供应不足。面对种种问题，日本、韩国造船业开始向低成本国家转移。

正是在这样的国际产业梯度转移的大背景下，拥有数百公里江海岸线的南通，果断抓住了这一千载难逢的发展机遇。全市上下强化组织协调，积极营造有利于船舶工业发展的大环境。经过多年的快速发展，南通已形成以中远川崎、中远船务和中远钢结构等大企业为龙头、多种经济成分并存的船舶造修及配套企业群，成为全国重要的船舶工业基地。据国防科工委船舶行业管理办公室统计，2007年全国造船完工量为1893万载重吨，其中南通市造船完工量为274万载重吨，七分天下有其一。2007年，南通船舶修造及配套工业总产值的增幅高达71.44%，走上了跨越发展的道路。

新鲜出炉的《南通市船舶工业中长期发展规划》，展示了南通打造世界造船基地的美好前景。根据规划，“十一五”期间，南通的船舶工业将保持年均50%以上的速度发展，到2010年实现造船总量和总产值双超千亿。到那个时候，南通的造船量将接近全国的40%、全球的12%左右。

从无到有，从小到大，探究南通现代造船业的起步，不能不提到一个年轻人的名字——李建红

1987年初冬的一天，一个叫李建红的年轻人徘徊在南通船厂的码头上，面对浩荡的大江，他默默站立着，任凭江风吹乱他的头发。就在一小时前，南通港务局领导找他谈了话：“希望你能担起船厂这副担子，给你的政策是零对零，即不要你上交一分钱，上面也不拨你一分钱，你们要自己找饭吃，自己养活自己。”

南通船厂是交通部于1977年12月决定在南通建立的一个修船企业。1979年3月，船厂还未形成生产能力，国家就宣布“缓建”，靠部里一点补贴和照顾得过且过，后来作为“包袱”甩给了南通港务局。到1987年，这种苦日子也难以过下去了。“码头太阳晒，工

中国最大的修船基地——南通中远船务工程有限公司

南通中远船务的50万吨船坞

人晒太阳"，船厂已到了濒临倒闭的境地。

李建红是一个有志向、有知识、有血性的青年，学的是水运工业企业管理，凭自己的努力，从车间主任一直干到副厂长。在企业生死存亡的关键时刻，他暗暗捏紧了拳头：干！不管付出怎样的代价，也要在我手里让南通船厂振兴起来！

1987年11月7日，李建红走马上任。在整顿企业的同时，他四下奔走，争取修船业务。

1988年春天，正当企业出现转机，一切都步入正轨之时，李建红获得一个信息：中国远洋运输总公司正在全国物色一个大型船舶修理基地。把南通船厂建成全国一流的大型船舶修理基地，是李建红梦寐以求的奋斗目标。中远总公司拥有600多艘远洋轮，实力雄厚，能够成为中远的船舶修理基地，可谓是一步登天。李建红的心热了。

然而当他把这一想法向领导汇报时，却一路吃"红灯"。传统的体制，传统的观念，传统的思维定式，构筑了一道道难以逾越的障碍，而最大的思想障碍就是：船厂是南通的，怎么能给中远呢？肉就是烂也要烂在自己的锅里啊！

同伴们有的泄气了，有的胆怯了。可李建红心里清楚，如果这一步迈出去，南通船厂就有可能赢得新的发展机遇，走向全国乃至走向世界。如果这一步迈不出去，领导是满意了，但船厂还只能修修补补，小打小闹，永远不可能有大发展，最终还会被淘汰出局。

李建红顶住压力，继续奔走呼号，争取各级领导的支持。他闯进市领导召开的会议

南通中远船务厂区一景

上，向领导们游说；为等市长，他撑着雨伞在市长家楼下等了整整两个小时；他还花了一夜工夫，给有不同意见的市领导写信，陈述理由，情真意切……

这其实是一场开放与封闭的思想博弈，是一场创业与守成的理念较量。

时任南通市委书记的吴镕，曾经3次参与中央农村改革文件的起草，是一位有远见卓识的知识型领导，他坚决支持李建红的意见，在各种场合陈述“不求所有，但求所在”的意义。各级领导最终站到支持南通船厂划归中远的一边。

1988年9月，中远总公司总经理来到南通，在接收大会上发表了热情洋溢的讲话，也对李建红这个年轻人留下了深刻的印象。

归到中远麾下不久，青岛远洋公司就打来电话，一艘5万吨级的“白玉海号”轮亟须修理，问南通船厂有没有这个能力接单。

李建红考虑再三，作出果断回答：“修！不管有什么困难，一定要修，而且一定要修出全国最高水平。”

置之死地而后生。

经过全体员工的齐心努力，“白玉海号”轮修理完工不仅比预定工期提前了两天，而且修出的质量达到全国先进水平。中远总部随即发来祝贺电报。从此，“南通也能修大船”的消息在国内修船界传开，一张张修理船舶的订单飞到南通中远船务公司。

时间一晃已过去20年，如今的南通中远船务工程有限公司已成为中远船务集团的核心企业之一。现拥有两坞、三泊位，每年承修改装各类大型船舶150艘左右，95%以上为外轮。客户遍布世界30多个国家和地区。公司与世界主要航运公司都建立了合作关系。近几年来，中国船舶工业行业协会每年都要根据主要经济数据对全国修船企业进行统计排名，南通中远船务始终名列全国修船企业单厂第一，人均利润、坞修周期等多项经济指标在中国修船行业始终保持领先地位。1999年，公司被《劳氏亚洲海运》杂志评为亚洲修船厂“四强”之一。其构件龙头——大型船舶配套企业中远钢结构公司拥有一条具有世界先进水平、年产1.2万吨的亚洲最大的舱口盖生产线。

中远川崎在南通落户是强强联手看中南通的结果，也是南通建设造船大市的一个大手笔。南通造船业由此揭开了新的篇章

2008年4月3日上午，我国自主建造的第一艘1万TEU（标准箱）集装箱船“中远大洋洲号”在南通中远川崎船舶工程有限公司隆重命名并交付，全国政协副主席李金华等领导和专家见证了这一历史时刻。

1万标箱集装箱船在南通中远川崎船舶工程有限公司下水

中远川崎建造的1万标箱集装箱轮驶过苏通大桥

这艘1万标准箱集装箱船，是南通中远川崎公司为中远集装箱运输公司承造的4艘同型船中的第一艘，是中远川崎公司继2001年成功交付2艘当时为中国最大的第五代5400标准箱集装箱船之后的又一惊世力作。该船的成功建造，使我国一举成为当今世界继韩国、丹麦之后，第三个能够自主建造1万标准箱集装箱船的国家。

“中远大洋洲号”集装箱船总长348.5米，型宽45.6米，型深27.2米，设计吃水13米，最大服务航速25.8节，总吨位11.8万吨，甲板面积有3个半足球场大，一次可装载10062个20英尺标准集装箱，如果改用标准集装箱卡车运输，即使卡车首尾相连，也可从上海市中心排到江苏太仓。它是国产第一艘万箱级大船，也是当今亚洲最大、装备最先进的超巴拿马型集装箱船之一。该船货舱内除装载常规集装箱外，还可装载多种等级的危险品集装箱。从设计到建成交付，历时两年。在整体设计、动力装置、建造工艺、船舶安全以及节能减排等方面均达到了国内领先、国际先进的水平。南通中远川崎公司由此实现了投产10年来从建造大型散货船到五代集装箱船、5000车位汽车运输船、31.5万吨超大型油轮和1万箱集装箱船的“五级跳”，标志着南通中远川崎公司在“建世界一流船厂、造世界一流船舶”的征程中又实现了新的跨越。

在命名仪式现场，中远集团总裁魏家福满怀激情地称，“中远大洋洲号”1万标准箱集装箱船的成功交付，在中国造船工业和航海历史上谱写了新的纪录，创下3个“中国第

中远川崎建造的30万吨油轮

一”，即中国造船企业建造的第一艘万箱大船，中国航运企业百分之百拥有的第一艘万箱大船，以及由中国船长、政委和全套船员自己驾驶的第一艘万箱级大船。这充分反映了改革开放30年来中国制造工业发生的突飞猛进的飞跃。中国已经拥有世界一流的船舶制造业、世界一流的航运公司和世界一流的船员队伍。

南通中远川崎船舶工程有限公司是中国远洋运输(集团)总公司与日本川崎重工业株式会社合资兴建的大型造船企业，成立于1995年底。

中远集团当初是在与大量造船企业接洽、比较后，最后相中了具有百年造船史的日本川崎重工的。虽说中远集团与川崎重工有几十年的合作基础，但是，合资过程并不那么一帆风顺，合作项目起初受到了来自国内外的重重压力。由于造船业固有的退出障碍大的特点，为保证本国船厂的生存，先进国家造船企业通常不会在他国进行大规模投资来培养自己的竞争对手。因此，尽管川崎重工看好中远集团这个合作伙伴、南通的区位优势和中国巨大的造船市场，但日本造船行业协会却给川崎重工设置了种种关卡。国内造船界一些人士也对中远川崎项目持反对态度，认为造船是微利产业，中远巨资投入建设中远川崎是低水平的重复建设。由于当时国家有关部委正在联合清理造修船基础设施的低水平重复建设问题，中远川崎的筹建工作显得十分被动和困难。在这样的情况下，中远集团高层反复阐述，中远川崎造船项目的定位不是低水平的重复建设，而是具有先进性和代表性的造船企业。经过不懈的努力与争取，终于通过了国家有关主管部委组织的联合调查和复审。

2002年9月，一艘当时中国境内运力最大、现代化程度最高的30万吨级巨型油轮在南通中远川崎建成下水，不仅实现了巨型油轮“国轮国造”零的突破，也意味着我国造船业技术水平有了重大突破。而此前，国内第一艘5250YEU超大型集装箱船舶也是在这里开工建造的。专家评价，南通中远瞄准国际水平，引进消化和自主开发并举，仅用10年就走完了日本造船企业50年、韩国造船企业30年的路程。特别可喜的是，企业还同时具备了建造液化天然气（LNG）船的技术能力，而该船一直被业内公认为技术含量最高、附加值最高、难度最大。由此，南通中远跻身世界最尖端造船企业。

中远川崎公司2007年造船完工量达68万载重吨，全员劳动生产力、人均利润、万美元产值能耗、人均出口创汇四个单项指标均名列全国造船业第一。中远川崎投资20亿元上马的二期扩建工程，将在现有“一坞二泊位”的基础上，新增岸线540米，新建一座50万吨级干船坞和一座配套舾装码头，形成“两坞三泊位”的生产格局，年生产能力将提高到300万载重吨。

与此同时，为船舶修造业配套的一批巨无霸项目也纷纷抢滩南通沿江。占据世界集装箱机械市场70%份额、全球最大的港口机械生产厂家上海振华港机已经落户南通。这一项目年生产岸边集装箱起重机（岸桥）100台，轮胎式集装箱起重机（场桥）200台，以及20万吨大型海上采油平台和建筑钢构，建成投产后年产值可达100亿元人民币。

国内首制5000车位汽车滚装船在中远川崎面世

中远川崎生产场景

一批民营企业家涉足造船业，瞄准世界船舶市场和国际先进水平，纷纷投入巨资，做大做强，撑起了南通造船业的半壁江山

驱车沿南通绵延 100 多公里长江岸线走访，火暴的造船场面振奋人心。

近百家各级各类造船企业，几乎每家都拥有外国船东的订单。南通亚华船厂、惠港造船公司、港闸船舶公司等民营造船企业均可生产万吨以上巨轮，在生产、技术、管理等方面已经达到国内先进水平。

说到民营造船业，你可以到位于港闸区的南通船舶配套工业集中区和启东沿江船舶工业带去亲身体验一下那里如火如荼的建设和生产场面。

启东沿江船舶工业带，已落户20多家船舶修配生产企业，总投资超过330亿元。投资规模为80亿元的中国二重投资项目已经正式签约，总投资70亿元的中远船务项目的配套工程中远大道已全面开工建设，总投资13.5亿元的南通联合重工科技、10.2亿元的惠港重工、5亿元的顺恒船舶、3亿元的豪威船舶都已开工建设。惠港造船、东江船业、宏强船舶、启亚船务 4 家企业已投产，其中惠港造船在建船舶 11 艘，另外手持国内外订单 71 艘。

在港闸区的九圩港畔，仅仅3年时间就建起了一个颇具规模的现代化船舶配套工业集中区。十几家企业已经建成投产，巨大的厂房、林立的吊车和火热的劳动场面，令人目不暇接。

南通港闸船舶配套工业区

港闸区原是闻名遐迩的“冷作之乡”，数以万计的冷作工、电焊工遍布全国各大造船基地，拥有订单、信息、技术以及资金等宝贵资源。近几年，港闸区委、区政府因势利导，下决心变“冷作之乡”为“船舶配套产品基地”，投巨资兴办了船舶配套工业集中区，筑巢引凤，将一批在外的冷作工、电焊工“领头羊”召回家乡，投资兴业，更吸引了日本、韩国、新加坡等国外造船企业和宝钢等国内大企业前来投资。

孟锦华，是走南闯北多年的冷作工包工头。在港闸区委、区政府的感召下，他怀揣着资金、技术和管理经验回乡创业，抢滩宝贵的长江岸线，建起了港闸区首家造船厂。经过几年的打拼，港闸船舶制造有限公司已成为国内知名的与广船国际文冲船厂比肩的工程挖泥船、疏浚船制造基地，2007年荣膺全市民营经济纳税十强企业称号。

在浙江承包船舶建造业务的赵建也“丹凤还巢”，兴办了港闸区最大的造船企业——亚华船厂。2007年12月27日，拥有自主知识产权的“亚华001号”3万吨散货轮顺利下水，目前亚华船厂订单达到20艘，合同额超过8.6亿美元。

孟锦华和赵建都在家乡找到了拓展事业的舞台。

更为世界造船业界关注和惊叹的是这两年在如皋港崛起的民营造船企业——江苏熔盛重工。

如皋市长青沙，是如皋港外侧、长江中的一块小沙洲。几年前，长青沙靠长江主航道一侧还是绵延数公里、一望无际的芦苇荡。仅仅几年的工夫，如今这里已建成一座具有国际先进水平的国内最大的民营造船企业。

熔盛重工采取“一次规划，分期建设”的整体发展思路，项目按阶段分为造船、海洋工程、修船、钢机、仓储物流等5个大类。4座宽度分别为102米至139.5米的大型干船坞，一、二、三号船坞均已建成投产，四号船坞已开工建设。3座900吨龙门吊已交付使用。规划中的两个材料码头和8个舾装（船体主要结构造完之后安装锚、桅杆、电路等设备和装置的工作）码头也先后开工建设，陆续投入使用。

熔盛重工于2005年10月28日开工建厂打下第一根桩，2006年2月28日就与挪威船东签订了第一批冰区加强型巴拿马型散货船建造合同。2008年2月28日，首制船——载重量7.55万吨的“金色斯戈娜号”散货船就交付使用，创造了自打桩建厂到首制船交付使用仅用28个月的业界纪录。

2008年，将有15条7.55万吨至17.6万吨级货轮建成交付使用。在边建设边生产的同时，熔盛重工利用自己强大的技术力量组织新产品开发，目前已完成研发巴拿马型散货船、好望角型散货船、阿芙拉油船、苏伊士型油船、深水铺管船、40万吨矿砂船等新船型及海洋工程等四大系列多种船型。

到2007年年底，熔盛重工接单总额达800余万载重吨。据国际权威机构——克拉克松研究机构2007年底统计，熔盛重工在全球造船企业手持订单50强中排名第十三位，国内排名第四位，位居国内民营造船企业之首。核心产品苏伊士型原油轮承接量全球第一，占全球份额的27%。在海洋工程方面，熔盛重工继成功中标中海油深水铺管起重船后，又与挪威著名海洋工程公司戈朗海洋工程集团、西飞集团签订了战略合作协议。

2008年8月3日，熔盛重工与巴西淡水河谷在上海签订了12艘40万吨超大型矿砂运输船的建造合同，开创了单笔全球最大造船订单的新纪录。

熔盛重工2007年造船销售额为8000万美元，2008年可望达到15亿美元，2009年的目标为30亿美元，2012年的目标为70亿美元。我国经济界权威吴敬琏教授2008年5月到熔盛重工考察后谈及感想，说了“震撼”两个字。

创造这个奇迹的，是又一个年轻人——江苏熔盛重工集团有限公司董事局副主席、总裁，江苏熔盛重工有限公司董事长、总裁陈强。

陈强，中等个头，圆圆的脸庞，大大的眼睛，文质彬彬，貌不惊人，是那种初次见面难给人留下深刻印象，但深入接触后会打下深深烙印的专家学者型的现代企业家。他是上海交通大学、哈尔滨工程大学兼职教授、博士生导师，2001年度国务院工程技术类政府津贴获得者，国防科技工业有突出贡献的中青年专家，国防科技工业“511人才工程”高级管理人才。

来到如皋长青沙这片未开垦的处女地创业前，陈强有着很辉煌的过去。1982年，陈强大学毕业后被分配到江南造船厂设计工艺所从事设计工作，先后担任江南造船厂机装车

南通亚华船厂建造的散货轮下水

间调度、工段长、工艺科长、车间主任、总经理助理等职。在1995年担任江南造船厂副总经理期间，组织筹建外高桥造船有限公司，并于2001年建成后担任外高桥造船公司总经理。任职期间，组织开拓了直至目前为止该船厂所有的产品市场。外高桥造船公司目前世界船企排名第六位，国内船企排名第一位。

离开国际大都市上海，离开自己为之奋斗20多年并创造了辉煌业绩的国内一流企业，来到江北小城的江边荒滩，一切从零开始，问及陈强的动因，他只说了4个字："超越自我。"对这4个字，有人理解为"换一种活法"，有人理解为"可以有施展身手的更大舞台和空间"，还有人理解为"下半辈子为自己干"，不一而足。陈强对这些说法都一笑了之。其实，在他的心底里只有一个意愿，那就是：造船，造世界最大的船，造世界最好的船。

当然，如皋市委、市政府领导在招商引资过程中表现出来的高瞻远瞩的眼光、百折不挠的意志和锲而不舍的精神，也深深感动了他。

具有世界眼光的陈强加盟熔盛重工后，走多元化联合、规范化管理、国际化经营之路，一方面引进了国内外一批造船精英，迅速形成了一支凝聚力高、执行力强的高效运营的核心团队，另一方面从战略高度与国内外相关领域的权威机构和公司展开全面合作。2007年10月，全球著名基金公司D.E.Shaw、高盛及新天域成为熔盛重工的新股东后，熔盛重工正全力争取在香港上市。熔盛重工还与世界五大船级社签订了合作协议；与上海交

国内最大民营造船企业——江苏熔盛重工首制轮下水

通大学、哈尔滨工程大学、江苏科技大学签订了长期战略合作协议；与韩国、日本的顶级造船企业签订了长期合作协议；与国内外著名设计公司签订了产品联合研发协议。陈强把熔盛重工，同时也把自己放到了一个更高的起点上。

陈强说，他是一个喜欢追梦的人。造船是他从小的梦想，他这一辈子就在做一件事：造船。

在熔盛重工规划设计时，陈强特地提出要在内港岸线预留出一处最佳的地块，作为豪华邮轮专用生产场。豪华邮轮代表世界造船业的顶尖水平，是皇冠上的明珠。他说，他还有一个梦想，就是有朝一日，乘坐自己制造的具有世界先进水平的豪华邮轮去周游世界。

他其实是期盼把熔盛重工办成世界一流的造船企业。这是陈强的期盼，也是770万南通人民的期盼，是中国造船业界的期盼。

第九章
道德的力量

在物质文明建设的同时，南通十分重视精神文明建设。改革开放以来，南通先后涌现了"莫文隋"、江海志愿者群体、"爱心邮路"、"无红包医院"等数百个公民道德先进典型，被誉为精神文明"南通现象"，入选首届全国精神文明建设十件大事。2004年，中宣部在南通举办了首届中国公民道德论坛。2007年，中央文明办又专题总结推广了南通"以典型示范普及核心价值理念，以群体效应提升城市文明程度"的文明城市创建经验。

从"莫文隋"到江海志愿者，记录着南通人民在改革开放和现代化建设中对精神境界不懈追求的心路历程，是南通的决策层以典型示范普及核心价值理念的成功运作

2008年5月25日，北京奥运火炬传递到南通。73岁的徐尔铸作为江海志愿者代表，光荣地成为一名奥运火炬手。"这荣誉属于千千万万江海志愿者。"这位"中国志愿者金奖"获得者激动地说。江海志愿者服务10年的风雨历程，又闪现在老人的面前。

"你要问我是谁，请莫问我是谁，风雨中我是一把伞，干渴时我是一杯水……"在广袤的江海大地上，伴随着《莫问我是谁》的歌声，"莫文隋"的身影已经活跃了整整10年，而且，正有越来越多的江海志愿者加入到扶贫济困、志愿服务的行列。

1995年3月的一天，南通工学院女生小石在寡母病逝的悲痛和绝望中，意外地收到一张"莫文隋"寄来的100元汇款单，留言栏里写着：生活补助费。此后每个月，100元生活费如期寄来，直至小石大学毕业。

"莫文隋，你在哪里？"小石苦苦寻觅，却始终没有结果。获悉此事的媒体，在全市发起了寻找莫文隋的活动。几番寻觅，人们终于恍然："莫文隋"原来便是"莫问谁"啊！

首届中国公民道德论坛在南通举办

这位“莫文隋”直到如今仍然隐姓埋名，默默在奉献。

更令人感动的是，在寻找“莫文隋”的过程中，更多的“莫文隋”浮出水面：社会福利院连续收到两张“魏群（为群）”寄来的共计4000余元的汇款单；市民“关辛”（关心）先后多次向慈善机构捐出善款；职工“吴铭”（无名）默默关爱患病少年……

深深的感动之余，更多的市民迫不及待地也想做些什么。一时间，“卫英才（为英才）”“任有琴（人有情）”等一批扶贫济困不留名的人物竞相涌现。“莫文隋”，成为江海大地上最闪亮的明星。

面对众多扶危济困不留名的“莫文隋”，南通市在1997年把3月5日“学雷锋日”同时定为“学莫文隋日”，倡导市民在这一天走上街头为民服务。随后，有关部门组织排演了以“莫文隋”为原型的话剧，创作了歌曲《莫问我是谁》。在翌年的南通市文明新风评选中，“莫文隋”荣登榜首……

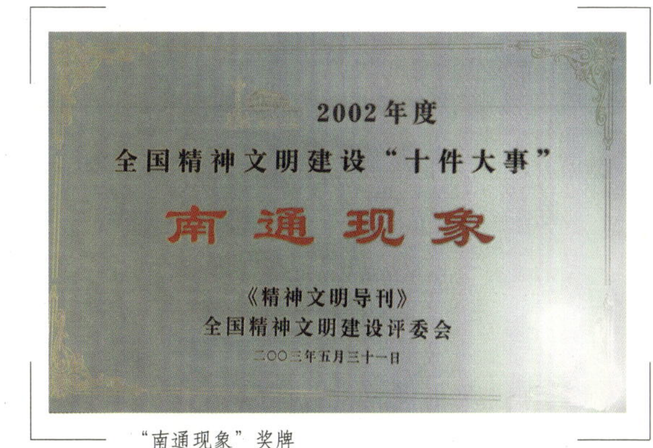

“南通现象”奖牌

改革开放使越来越多的人走上了富裕之路。随着人们对物质

“中国志愿者金奖”获得者徐尔铸传递奥运火炬

财富追求的愿望越来越强烈，随着价值观念和生活方式的多元化，社会上一度出现了精神追求滑坡的趋势。曾有人戏称：“雷锋叔叔没户口，三月里来四月走。”为让雷锋精神常驻江海大地，1998年3月31日，共青团南通市委联合江海晚报社和东洋之花化妆品公司共同创建了江海志愿者服务站，34位市民成为首批志愿者。

江海志愿者服务站至今已创办了10年。担任江海志愿者服务总站站长的徐尔铸对这10年“春风化雨”的巨大力量感悟最深，对“贵在持久”的酸甜苦辣也最刻骨铭心。他说，“莫文隋”现象已发展成为“江海志愿者”行动，江海志愿者从建站之初的34名，如今已发展为1个总站、9个社区分站、两个专业分站和400多支服务队的志愿服务网络，注册志愿者超过13万人。《江海志愿者之歌》在江海大地处处唱响。

在南通承办江苏省第十六届运动会、第九届亚洲艺术节，举办南通港口经济洽谈会等大型活动的现场，在“五城同创”（创建全国文明城市、国家卫生城市、国家环保模范城市、国家园林城市和国家历史文化名城）、抗洪救灾、三峡移民接运、汶川抗震救灾等急难险重任务中，在小巷深处居民的陋室里，在西部地区偏僻的校舍里，处处活跃着江海志愿者的身影。

13万名志愿者分散于全市的各个角落，他们或许没有做出什么惊天动地的伟业，但他们的“凡人善举”久久流传着：

田建凤，一位身患绝症的志愿者，一名下岗职工，一个最需要社会援助的人，却在生命的最后阶段放弃治疗，把用于治疗的医药费捐献给西部两名失学儿童，并捐献出自己的遗体；

陆善洪，1998年第一批加入江海志愿者，全国青年志愿者助残先进个人。“看到马路上有碎玻璃，回家拿把扫帚扫了；看到残疾人出行困难，上去搭把手；谁家的门锁坏了，替他开个门。有人说我是‘爱管闲事的人’，可助人为乐的‘闲事’，大家都来管管，社会才更和谐。”陆善洪说。

2008 年 5 月，南通市领导与第三十次评选文明新风典型合影

何林毓，人称“南通的徐虎”。多年来，帮助市民义务维修电器，结对孤寡老人 20 余人。“社会上的困难群体需要帮助，我们好脚好手的，能帮一点就帮一点吧。”何林毓十分珍惜江海志愿者这份荣誉。“我是第 89 号志愿者，那块志愿者牌子一直珍藏着，将来要留给儿子。我想，这是给他的最好财富。”

刘学志，1998 年第一批加入江海志愿者。多年来，为做好志愿服务，刘学志的小灵通和住宅电话始终对外公开，仅服务信息就记录了满满6大本。“如果大家都诚信经营，互帮互助，这个社会才好呢。”

陈墨，见到不文明行为勇敢地不“沉默”的女孩。2007 年 7 月的一天，陈墨在公交车上看到两个年轻人乱扔果皮，随即给予善意的提醒，谁知竟遭拳打脚踢。南通市委宣传部以此为契机在全市开展“精神文明现象大讨论”，陈墨也因此被 770 万南通人知晓。表彰仪式上，陈墨说：“以后碰到这种事，我还会制止，因为我是对的。”

陈辉、魏骏飞，他乡救人不留名，获得“江苏省文明新风典型提名奖”。2007 年 9 月 1 日，南通财政局干部陈辉、驾驶员魏骏飞赴宁开会，途经丹阳，偶遇一起车祸。当时，近百辆车从事发现场驶过，无一伸出援手。陈辉、魏骏飞迅速将伤员送至附近医院，垫付医药费后悄然离去。他们的事迹直到《扬子晚报》呼吁查找“救命恩人”才为人知晓。

2008年2月，《江海晚报》又连续报道了海安“莫文隋”他乡救人不留名的感人事迹。海安县胡集镇的青年范永鑫，在福建泉州救了一位老人没留姓名。事后，老人的儿子通过这名青年在医院留下的给老人治病的内有5000元的信用卡，几经周折才找到救命恩人。范永鑫多次救人，做过许多好事，都没有留下姓名。

……

每一个江海志愿者的背后都有一个动人的故事。这些故事，打动了越来越多的人，使越来越多的人加入了江海志愿者的行列。

2007年8月19日，农历七月初七，中国人“爱的节日”。晚8时许，南通市更俗剧院，“和谐南通　情暖江海　我们微笑出发”大型志愿公益活动启动仪式在这里举行。

“我们也许做不了伟大的事，但我们可以用我们的凡人善举创造伟大的爱！”遵照父亲遗愿将10万元捐赠给慈善会的刘卫国兄妹，捐献造血干细胞救活安徽白血病患儿的教师闾蓟敏，长期资助贫困生大军上学的如皋国税局王莹……一个个凡人善举，一次次真情涌动，把“爱的节日”推向了高潮。

如何跳出精神文明建设“一抓就灵，一放就松”的怪圈，使爱心、奉献这些主题词内化为城市独特的文化和精神气质？南通富有创新的机制建设推动着精神文明典型深入持久

江海志愿者在江苏省第十六届运动会上服务

外籍江海志愿者

地发挥着示范效应。

凡是常态下不能坚持的东西，必定是一阵风，没有生命力。“典型要可敬、可信、可学。我们坚持将目光聚焦基层广大干部群众，因为他们在平凡中见伟大。”南通市委常委、宣传部长张小平说。

“典型选树机制”。南通的城乡基层、各行各业在广泛持续组织开展“争先创优”活动的基础上，形成社会推荐、评委讨论、媒体公示等一系列选树先进典型的制度规范，保证了先进典型的广泛性、时代性和可靠性。从20世纪80年代起，南通市每年坚持评选文明新风典型，迄今已有400多例，其中90%以上都是普通劳动者。

“市民参与机制”。在运用多种手段宣传推广典型事迹，让市民感受到身边的典型可亲、可学的同时，南通各级党委宣传部门创设参与渠道，激发更多市民参与其中。被称为“城市啄木鸟”的市民巡访团就是其中的一支。南通市公开招聘成立了创建文明城市市民巡访团，邀请普通市民对创建工作进行明察暗访，提出意见和建议，切实加以解决。3年来，巡访团提出的巡访信息1500多件，答复率、整改率2007年达到85.7%。

“典型激励机制”。南通市除每年都召开文明新风典型表彰大会外，还有针对性地出台其他激励机制，保障先进典型的合法利益和应得利益，不让“见义勇为者流血再流泪”。南通市委一班人形成这样一个共识：创建文明城市的实践，就是要把社会主义核心价值体系的要求转化为不同行业、不同群体的核心价值理念，使每个群体对于时代要求的价值理念“一目了然”，行为规范“抬头可见”，使整个城市都洋溢着“积极进取、团结奋进”的文明新风。

江海志愿者服务队

积小善成大德，汇细流成江海。凡人善举，犹如漫山花草，最终造就了一种最具感染力的不平凡的美。

2004年10月27日，时任江苏省委书记的李源潮在看过《新闻阅评》上刊载的介绍江海志愿者服务站的文章后

江海志愿者开展为民服务活动

指出，江海志愿者服务站是江苏精神文明建设的一个伟大创造。2005年6月8日，中共中央政治局委员、书记处书记、中宣部部长刘云山视察江海志愿者服务站，盛赞江海志愿者等精神文明建设典型具有全国示范效应。

如皋市137名乡邮员，平均每人每天骑车70公里，10年来相当于每人绕地球5圈多。然而，他们坚持10年不懈的爱心行动，比邮路更悠长、更深沉……

“无论如何要让老陈留下来，继续跑我们那条邮路，工资哪怕我们出！”1998年11月的一个下午，如皋城西邮政支局来了一位特殊的“上访户”——如皋城西鹿门村村委会主任。一进门，村委会主任便代表全村村民向支局长提出了这一请求。

负责跑鹿门村这条邮路的，正是全国邮电系统劳动模范陈昭斌。多年来，老陈对邮路上的一些孤寡老人嘘寒问暖，建立起深厚的感情。村里80多岁的孤寡老人石老太便是其中一位。早在十几年前，得知石老太生活艰难，陈昭斌每次骑车经过时，总要下车跟她拉拉家常，帮助干点家务活儿。逢年过节或老太生日，陈昭斌总记得买点礼物上门探望。在石老太的心里，陈昭斌就是她的亲人，“两天不见，心里就要发慌”。这一次，听说邮政局准备调整乡邮线路，石老太担心老陈可能要走，便拄着拐杖跑到村主任家，请他想想办法。“老陈可不能走啊！”石奶奶的想法与村民们不谋而合，于是便有了这次特殊的“上访”。

“上访”事件引起了如皋邮政局领导们的重视。局里决定以陈昭斌为典范，在全局推广爱心帮扶的做法，倡议全局137名乡邮员，人人在投递邮路上帮扶一名孤寡老人。从此，爱心邮路从1条变为137条。陈昭斌的自发行为转变为有组织的集体行动，淳朴憨厚的乡邮员也一个个成了老人们最亲的亲人。

每天看见乡邮员小姚，是年逾九旬的姜和芬老太一天中重要的事。姜老太是如皋市白蒲镇邮递员姚泽民的帮扶对象，3年来，姚泽民几乎每天都要上门看望。哪天见不到姚泽民，老太就会心慌慌的。因为小姚每天来都要和姜老太拉拉家常，嘘寒问暖，姜老太身体不适，姚泽民就背着她去医院。

“爱心邮路”邮递员帮助老人

姜和芬已是姚泽民在邮路上帮扶的第五位老人了。经姚泽民之手，先后送走了百岁老人刘镜寰以及吴敬林老夫妇。前几年，吴敬林和妻子张兰英相继患病，姚泽民守在他们的病榻前。见张兰英吃不下东西，姚泽民就一口一口喂给她吃。弥留之际，张兰英叮嘱养女，“可不能忘了小姚的恩情”。

如皋市磨头镇曹石村的唐玉成老人家的墙壁上，写着邮递员沈世新的手机号码。“我是邮政局的家属。”老人家常常这样对人说。

今年67岁的唐玉成平时独居在家。老人患有高血压，近两年又患上了脑萎缩，需要长期服药。沈世新隔三岔五就要过来看看，帮着料理家务，为老人捎来生活用品和药品。

2005年5月12日傍晚，雨下得很大。唐大爷突感浑身不适，想去村卫生室看看，一个人又行动不便。接到老人的电话后，刚送完报纸、浑身湿透回到家中的沈世新，顾不上扒一口饭，骑上摩托车就直奔唐大爷家中，将老人送到村卫生室，一直陪老人输完液才回到家中。

腊月的一天晚上，沈世新又来到老人家中。看到老人洗完脚后没有袜子穿，沈世新当即脱下自己的袜子给老人穿上，第二天又买了两双新袜子送过来。这两双新袜子老人至今舍不得穿，家里来人时都要拿出来给人家看：“看，这是邮局的小沈给我买的，现在我是邮政局的家属啦，小沈就是我的儿子！”

10年来，遍布如皋城乡的137条邮路上，这样感人的爱的故事随处可以听到，恰如蓬勃生长的蔓藤，每天都在拔节延伸……

为了不断放大“爱心邮路”这一全国先进典型的示范效应，让爱心之花在如皋大地竞相绽放，自2006年6月起，如皋在全市广泛开展学习“爱心邮路”、建设“爱心城市”、构建“爱心如皋”活动。为此，如皋精心打造了“爱心基金”“爱心超市”“双帮工程”等多个品牌。2008年春节前夕，全市开展了一场大规模的送温暖献爱心慈善募捐活动，一周多时间就募集善款541万元，协议捐赠2.8亿元。“爱心基金”实行统一管理，专款专用，重点用于救助城乡特殊困难群众。目前全市333个村（居）村村设立“爱心基金”，全市20个镇和两个开发区全部建立“爱心超市”，村级“爱心超市”也实现了全覆盖。

如果说“爱心超市”“爱心基金”主要是“授人以鱼”，那么“双帮工程”更多的是“授人以渔”。2006年起，如皋市将原先开展的“百村万户”帮扶活动，拓展为“300单位帮村、万名党员帮户”工程。磨头镇十字桥村是高沙土地区，土地贫瘠。近年来，在如皋国土资源局的扶持下，村里发展湖桑种植400多亩，农民亩收入比过去提高2倍。2008年国土局又帮助村里建起一个占地百余亩的有色树种育苗基地，目前长势喜人。自“双帮”工程开展以来，帮扶单位共为挂钩村、户支持资金近千万元，帮助发展高效种植养殖业项目900多个，全市30%以上特困家庭基本脱贫解困。

这是爱心的传递，是爱心的裂变，正如一首歌所唱的：“如果人人都献出一点爱，世界将变成美好的人间。”

10多年前，当南通市第三人民医院挂出“无红包医院”的匾牌时，曾有人质疑“牌子能挂多久”。10多年后，“无红包医院”已从“一枝独秀”变为“百花齐放”，成为江海大地上又一道亮丽的风景

回忆起创建“无红包医院”的初衷，三院人永远忘不了1994年秋天的一幕：院里的专家到如皋农村义诊，一位曾在该院治好肝炎的张老汉在复诊确认已经康复后，执意塞给医生一个红包。

这是怎样的一个红包啊：厚厚的一叠毛票，沾满了汗渍和烟味！当专家们登门退还红包时，更是被眼前的情景震惊：祖孙三代六口之家，住在3间茅草房中，屋里连一张像样的凳子都没有……

回来后，医务人员们心绪难平。收受红包的问题在医院的决策层面和医疗技术骨干层面引起了激烈的争论。

当时的大背景是，1992年10月召开的党的十四大做出了建立社会主义市场经济体制的重大决策，中国的改革开放在体制上迈出了具有决定意义的关键的一步。市场经济的理念和法则像水银泻地一样，很快渗透到经济生活的每一个层面、每一个角落，给中国的经

国内首家命名的“无红包医院”——南通第三人民医院

济带来了无限的活力和动力。同时，市场经济的理念和法则，也向本不该渗透的地方渗透，蔓延到政治和社会的一些领域。

亲情服务　医患一家

改革开放的初始阶段，在敏感的分配问题上，确有“搞原子弹的不如卖茶叶蛋的”、“拿手术刀的不如拿剃头刀的”现象。实行市场经济体制后，开始富裕起来的人们对于健康和医疗的需求迅速上升，医疗资源日显紧缺,医疗技术价值急剧升值。而在分配问题没有得到合理解决的时候，“红包”便“应运而生”，成为医患之间的一个潜规则，成为一段时间愈演愈烈的普遍现象。对于医院的管理者来说，“红包”是令他们感到两难的棘手问题。医生救死扶伤的天职与“红包”所体现的价值观念显然是格格不入的，“红包”对于整个医疗队伍的腐蚀作用也是显而易见的现象。但“普遍现象”似乎也有其存在的一定道理，如果禁收“红包”，他们最担心的是技术骨干流失。

南通市第三人民医院当时正处于由治疗肝炎传染病的专科医院向以专科为特色的综合性医院转型的艰难时期，对于“红包”问题处理的两难显得更为突出。然而，既是医疗专家又具政治家头脑的院党支部书记王陆军想得更深一点，看得更远一点。他认准一条:“要树立医院和医护人员的良好形象，就必须从病人最不满意的地方抓起。”他下决心唱一出独角戏，行一回逆水舟。

1995 年 3 月 24 日，三院通过新闻媒体发出创建“无红包医院”的庄严承诺。

10 多年过去了，市第三人民医院从创建“无红包医院”到以德治院，到一切以病人为中心，始终贯穿着一根红线，就是切实加强行风建设，努力提高医疗服务水平。在这根红线的引导下，三院人锐意进取，全面改革，瞄准特色，瞄准尖端，医院实现了跨越式发展。如今，高 20 层的综合大楼已高高耸立，但当年那块曾引起广泛关注甚至是质疑的铜牌依然悬挂在医院门口，无声地表达了一种坚守。

三院的事迹感动了新华社江苏分社记者朱旭东。但是，面对他的报道稿，编辑带着复杂的微笑问：“真的吗？”朱旭东再次悄悄“潜入”南通，按照三院出院的病员名单，一个一个电话进行核实。结果让他激动得不能自已。2006年8月3日，新华社发出《当无红包医院成为“另类”……》，全国130多家主流媒体转载。在毫无保留地对三院进行肯定的同时，记者发问：“三院孤军奋斗能坚持多久？”

问得好！如何让“无红包医院”从“一枝独秀”到“百花齐放”？在南通市纪委大力推动下，市卫生局、市纠风办决定在医疗行业全面创建“无红包医院”。

“凡收受‘红包’的，责令退还，并予以相应金额10倍的惩处；两年内不得晋级、晋职；暂停6个月以上1年以下执业活动，情节严重的，吊销医师执业证书；因收受‘红包’被除名、辞退的，本市任何医疗卫生单位不得安排其执业……”2006年11月24日，全面推进创建“无红包医院”动员大会在更俗剧院召开，市卫生局长蒋志群代表市卫生系统向社会作出公开承诺，亮出处理“红包”问题十项规定。

“无红包”是一种规范、一项纪律、一道警戒线。对在创建“无红包医院”过程中发现的收受“红包”问题，坚决动真碰硬，有一件查一件，绝不姑息迁就，以实际行动取信于民。南通市委常委、市纪委书记王正宇强调。

一时间，业内议论纷纷，社会反响强烈。

就在观望和议论声中，创建“无红包医院”迅速推进。个人向科室承诺、科室向医院承诺、医院向社会承诺。与此同时，多种形式的宣传教育全面开展，各医院研究出台激励机制，改革分配制度，建立奖惩制度，强化督查考核……创建工作如火如荼地展开。

至当年12月，全市195家医院自挂“无红包医院”匾牌，向社会公开承诺拒收“红包”。

面对医疗“红包”，不少管理者心态复杂：担心拒收“红包”会影响医疗骨干的积极性，甚至可能造成人才流失。

决策者让三院现身说法。三院坚持不收“红包”10多年来，不仅没有流失人才，相反业务收入增长了6.3倍，总资产增长了10倍多。医院由一所传染病专科医院发展成为集医、教、研为一体的综合医院。

南通市卫生局调查统计显示，南通创建“无红包医院”，并没有减少医院正常的业务量。市肿瘤医院4个多月床位占有率就上升了25%，门诊病人增加69%；市第一人民医院春节前床位占有率从80%上升至105%；市中医院2008年一季度门急诊人次同比增长21.3%。2007年11月以来，全市195家“无红包医院”业务量非但没有下降，总体上还稳中有升。

市第一人民医院院长缪旭东说：“我们挂‘无红包医院’匾牌，不是应付之策，不是走过场，而是医院健康发展、和谐发展的必然选择。”

“说到底，做医生，除了有医术，还要讲良心。”2006年，市中医院骨科主任成红兵仅通过纪检部门退还“红包”就有35只，计31900元，成为“全省卫生行风先进个人”。

基于“红包”问题的复杂性，南通创建“无红包医院”从教育、制度、监督各方面同时出招，不仅出台了《关于全面推进创建“无红包医院”活动的意见》，明确奖惩条例，还严格按制度监督管理，开展明察暗访等活动。

与此同时，不少医疗单位还自发建立了防范和根治“红包”的激励机制。市一院、如东县中医院制定了拒收“红包”、廉洁从医的奖励制度，分别建立了100万元的奖励基金，重奖医术高明、医德高尚的医生；市中医院根据手术难度，对主刀医生给予每台手术50至100元的奖励；市妇幼保健院开通“亲情短信平台”，在向产妇发送亲情问候的同时，将无“红包”承诺一并告知。

这一由行政力量强势推动的创建活动，究竟是轰轰烈烈走过场，还是真刀真枪见实效？在随后的一年多时间里，市卫生局、市纠风办以及省、市媒体多方联合，多次对全市“无红包医院”创建活动进行了大规模明察暗访。

每到一家医院，暗访组一路随机抽取病员档案电话回访，一路深入病区进行调查，待暗访完成，再对医院创建工作进行明察，以确保明察暗访尽可能反映真实情况。

2008年1月16日，南通市隆重召开“无红包医院”命名表彰大会，南通大学附属医院、市第一人民医院、市中医院等24家医院负责人从市领导手中接过“无红包医院”匾牌，成为南通全面开展创建活动以来首批由政府命名的“无红包医院”。

“通过深度推进创建活动，不仅要使‘无红包医院’实现全覆盖，而且要确保‘无红包医院’成为全国的永久品牌，成为惠及南通百姓的实事工程。”这，是南通市委对创建“无红包医院”的更高要求，也是人民的普遍心愿。

坚持不懈和行之有效的爱国主义教育，使当年的南通医学院涌现出一个优秀青年知识分子群体。如今，“爱岗敬业、爱国奉献”的精神正在南通大学得以传承和发扬光大

20世纪90年代中期，一个以顾晓松、汤锦波为代表的优秀青年知识分子群体在南通医学院涌现出来，给这所当年由张謇先生创办的老校带来了勃勃生机。这一群体有数十人之多，他们的年龄多在40岁上下，都已获得高级职称，在各自的科研领域里都有所建树。在80年代中期到90年代中期的10年里，南通医学院承担科研课题350多项，其中国家级17项、部（省）级41项，先后有44项课题、176人次获奖；在省级以上刊物发表论文1300多篇，出版专著35部。这些成就有三分之二出自这一群优秀青年知识分子之手。

南通医学院优秀青年知识分子群体

时任南通医学院附属医院副院长、医学院神经科学研究所所长的顾晓松教授，先后承担了多项国家自然科学基金课题，在神经的修复与再生研究领域取得了令世人瞩目的成就。1994年，他在英国伦敦大学访问期间，发现了“神经生长诱向因子”，使他在周围神经再生方面的研究走在了世界前沿。

当时30岁出头的手外科研究中心主任汤锦波教授，是手外科“汤氏理论”和“汤氏分区”的主要创始人，也是当时江苏省临床医学界最年轻的教授之一，是国际手外科杂志在中国的唯一编委。他创立的现代腱鞘修复与重建理论，被中华骨科学会主席王澍寰教授称为“具有划时代意义的发现”。

这一群体的其他人也都在各自的研究领域有所建树，许多成果达到国际、国内或省内的先进水平。他们在科研和出国访问的过程中，表现了令国内外同行都由衷敬佩的爱岗敬业和爱国奉献的崇高精神。在这一被媒体称做“通医现象”的背后，是学院党委的悉心培养和老专家的言传身教，是学院党委在市场经济的大背景下，坚定不移地把对师生的德育教育尤其是爱国主义教育放到了更重要的位置，采取了更加行之有效的方法。爱国主义成为广大师生心中的一面旗帜、一种精神，成为一种巨大的向心力和凝聚力。

如今，10多年过去了，南通医学院、南通工学院、南通师范学院在2004年已经合并组建了南通大学。这一群体的许多人也已从学院的骨干变成了南通大学及通大附院的中坚力量。

顾晓松教授担任了南通大学的首任校长。2008 年，在领导班子的调整中，他又担任了南通大学党委书记。尽管新组建大学的教学和校务异常繁忙，他还是兼任设在大学里的江苏省神经再生重点实验室主任。只是当年从启秀校区 7 号楼楼梯间起步的这个实验室，如今已拥有了整幢楼。他先后主持了国家杰出青年科学基金课题、国家自然科学基金课题、“863”、“973”等国家重大项目的子课题研究，在神经再生领域又取得多项可喜的成果。

当年通医优秀青年知识分子群体的另一位领军人物汤锦波教授，虽频繁出国，却始终对学校情有独钟。他把南通大学和美国哈佛大学、斯坦福大学作为科研工作基地，通过多种方式，指导南通大学手外科的科研和人才培养工作。他说，在国外，我一直把自己视为南通大学的一员，也一直为我的学校做事。我只是把冲击世界技术高峰的指挥所设在国外。这些年，在他的指导下，南通大学手外科研究中心取得了长足进步，首批进入江苏省 135 工程重点医学学科行列。汤锦波也以学校的名义在国外权威杂志上发表论文数十篇。

在“爱岗敬业、爱国奉献”精神的激励下，群体的其他成员都没有停止前进的步伐，他们支撑起南通大学的一批重点学科和通大附属医院的一批重点临床科室。像当年学校党委悉心培养和老教授言传身教一样，他们也身体力行，带出了一批“爱岗敬业、爱国奉献”的新生代。群体的队伍不断成长壮大，群体的精神得以发扬光大。顾晓松说，爱国主义精神、敬业精神，和工学院发端的“莫文隋”精神，将是南通大学德育教育中永恒的主题。

第十章 教育的魅力

2007年11月，中国名牌杂志社、江苏名牌事业促进会、新华日报社联合主办的首届“江苏人最喜爱的品牌（商标）读者推选活动”评比结果揭晓。在最终决出的100个“江苏人最喜爱的品牌（商标）”中，“南通教育”作为江苏教育唯一入选的品牌，榜上有名。活动采取“群众自愿、社会参与”的方法，具有较高的社会可信度。这充分说明，“南通教育”作为一个优质品牌，已经在南通乃至江苏人民的心目中打下了深深的烙印。

南通素有崇文重教的优良传统，“父教育，母实业”的理念在南通深入人心。人民心系教育，政府重视教育，社会关心教育，是南通教育发展最深厚的底蕴和最有力的支撑

南通的教育源远流长，早在宋代就大兴州学，科举成就卓著，号称“利市州”。从南通这块热土上走出去的宋代大教育家胡瑗，先后主持苏州、湖州州学和太学，创立了“苏湖教学法”，开启了一代教育之风。他的教育理论被朱熹推崇为“百世之法”。

张謇先生以“父教育，母实业”的理念，在南通创建新式学校，开启民智，创造了中国近代教育史上的多个第一。至1920年，张謇先生基本上实现了他设计的新教育体系。南通共创办高等学校3所、中等学校8所、高等小学12所、国民学校318所、幼儿园4所、聋哑学校1所。城乡教育事业在当时的中国称得上“蔚为大观”，是南通被誉为“全国模范县”的主要内涵之一。

南通教育底蕴丰厚，因为它寄托着全市人民的期望，得到全市人民的厚爱。改革开放初期，百废待兴。南通人民，首先想到的是恢复教育，宁可自己节衣缩食，也要想方设法办好学校。如东县栟茶镇的农民将准备给儿子结婚的钱、准备盖新房的木头捐献给学校，

海安支教群体

“山头小学”老师在上课

在全省竖起第一面捐资助学大旗；如皋市白蒲镇的市民为了给白蒲中学发展腾出地方，自愿搬迁，并将校旁庙宇的每一根椽梁、每一块砖瓦，一一编上序号，易地重建；启东人民为了贫困家庭孩子的成长，自发筹集了近亿元教育基金……这样的故事，每一位校长、每一位老师都能给你讲许多许多。透过这一个个镜头，我们就不难理解南通市民何以把子女的教育摆在首位，不难理解南通教育界何以励精图治，追求卓越，要打造人民满意的一流教育！

南通教育底蕴丰厚，因为改革开放以来，它一直是各级党委政府工作的重点，得到格外的重视和关心。仅“十五”期间，全社会教育经费总投入就超过185亿元，全市各级地方财政教育经费投入均有了较大增长，校舍建筑面积由5年前的779.4万平方米增加到1258.1万平方米；从“普九”到布局调整，从“六有”（有整洁的校园、有

南通西藏民族中学

南通中学"难忘教育"

满足需要的卫生食堂、有冷热饮用水、有水冲式厕所、有安全的学生宿舍、寄宿生每人有一张床）到电脑网络"校校通"，从合格学校建设到教育现代化……一个工程接一个工程，一个战役接一个战役，全市城乡教育设施和教学条件得到全面改善。许多学校不仅建有专门的图书楼、体育馆、艺术宫、科学宫，还拥有游泳馆、天文台、校园网等现代化设施。全市各类学校有近50%进入省级实验、示范、星级学校行列；全市5个县（市、区）被评为省普及高中阶段教育先进县（市、区）；所有农村中小学基本达到省合格学校标准；乡镇层面的教育现代化工程基本完成，又及时启动了区域教育现代化工程。

南通教育底蕴丰厚，还因为它得到全社会的支持和呵护。张謇先生"父教育，母实业"的理念在南通深入人心，"再苦不能苦孩子，再穷不能穷教育"，早已成为全社会的共识。如东县在财力十分紧张的情况下，为广大少年儿童建了占地400多亩的未成年人社会实践基地；启东在张謇所办垦牧学校旧址和粟裕将军办公地旧址建成省级德育基地；海安将一个农场建成省级劳技教育基地……像这样的教育基地，全市已有100多个。市有关部门结合环濠河博物馆群建设，投入数亿元，改造了中国人自办的第一个博物馆——南通博物苑，兴建了建筑博物馆、纺织博物馆、体育博物馆、城市博物馆、珠算博物馆、蓝印花布艺术馆、风筝博物馆、张謇纪念馆等博物馆群，全面对学生开放，丰富了教育的内容，拓展了教育的空间。

南通坚持以教学为中心，高考成绩连续10多年居江苏省领先地位，高考状元层出不穷。2007年，全省高考第一、第二名都在南通，总均分，优生数，本一、本二上线率等10多项主要指标均居全省第一。高考9门科目南通有8门总均分居全省第一；录取清华大学占全省计划的57%。2008年，全市高考又获得大面积丰收。全省前10名

少儿业余书法学习班

考生中，南通有8名；前100名考生中，南通有30名，其中第二名、第三名、第四名均为南通的考生。全市400分以上的考生有830人，360分以上的考生有9043人，均列全省第一，本一和本二的上线率也均列全省第一。

多年来，在国际中学生奥林匹克竞赛中，南通学生共夺得15枚金牌、2枚银牌，这在全国地级市中是绝无仅有的。

以列江苏第七的人均财力，办出了规模列全省第四、质量和效益列全省前茅的基础教育，这就是南通教育的魅力。

南通城里的学生愿到乡下的学校去读书，省城南京和江南上海的市民想法子把子女送到南通来读书，国内名牌大学看好南通的学生，征兵部队看好南通的兵，甚至江南一些城

南通大学

百年圆梦

市企业招工也慕名前来……这就是南通教育的魅力。

南通教育的品牌如今已叫响全国，创造了教育支边的新举措。南通先后与云南宁蒗、西藏拉萨、陕西咸阳、新疆伊宁、甘肃会宁、广西柳州、青海玉树等地开展了广泛的教育合作交流，历经30年寒暑，先后有1000多人次的优秀教师赴西部支教，云南宁蒗支教群体和南通西藏民族中学均受到国务院表彰。这就是南通教育的魅力。

建设一支高素质的师资队伍，是南通教育多年来孜孜以求的目标。南通的教师队伍“特别能吃苦，特别肯奉献，特别会钻研，特别讲团结”，是一支特别能战斗的队伍

以名师引领教师队伍建设，推动教育事业持续健康发展，是南通教育多年来形成的一大特色。早在20世纪80年代初，李吉林、李庚南老师就双双摘取了全国教学改革17把金钥匙奖中的两把。正是在李吉林、李庚南等一批名师的引领下，南通培养了一批在学科中有地位、在省内外有影响、在学术上有造诣的名师，创造了南通教育的辉煌。

李吉林，毕业于南通女子师范，从18岁到通师二附当语文教师，至今已50年。可以说，她的从教生涯，就是新中国成立后，尤其是改革开放以来南通教育事业发展的一个缩影。

李吉林说，她是一个“长大的儿童”。正是通过这种特有的儿童视觉，她强烈地感受

到，教育必须给儿童一个充满快乐的五彩缤纷的美好童年。

1978年秋，当改革的春风吹来，从教20年已是省特级教师的她，意识到一个伟大时代的到来，毅然走到一年级孩子中间，开始了创新的教学实践。

一年级对孩子来说一切都是新奇而神圣的。但面对传统的、封闭的教学现实，孩子们的眼睛里流露出来的却是失望和漠然。为了满足孩子们成长和发展的需求，她做的第一件事就是编写一学期一本的“补充阅读”课本。她坚信，只有扩大阅读量，增加语言积累，才能学好语文。

接着，她便琢磨如何让语文通过形象生动起来，让孩子们喜欢语文。于是，她把外语情景教学创造性地移植到汉语教学中来，并获得成功。随后，她又由“情景”联想到“意境”。她用“情以物迁”、“辞以情发”、“借古人之境界，为我所用”，来丰富当今的“作文论”。为了优选典型的场景，她走向田野、村落，大江、小河，山丘、湖滩……低头寻觅，放眼远眺，青嫩的秧苗，金色的麦浪，袅绕的炊烟，葱郁的大树，蜿蜒的小路，以至河渠里的小蝌蚪、沙滩上的小蟛蜞……都进入到她的视野中，活跃在她的思维空间里，唤起她无限美好的遐想。于是，一个观察情境的精美设计诞生了。

当她把孩子们带进这丰富多彩的广远情境之中，孩子们高兴极了。“一切景语皆情语”，孩子们在情境中感受，在情境中动情，在情境中发辞，写出了一篇篇表达他们所见所闻、真情实感的习作。由此，她设计出了切合儿童表达的作文新样式：口头作文、观察情境说话、写话、情境作文。她找到了一条提高小学生作文水平的便捷而有效的途径。

在这一成功的作文教学中，她发现，无论是孩子们观察的情境，还是表达的内容，都有一个共同的特点，就是一个“美”字。于是，她又悟出“美”有无穷的魅力，“美”是教育的磁石。为此，她提出了“运用情境教学，培养儿童的审美能力”的新课题，尝试着让艺术走进语文教学。

当语文情境教学探索获得意想不到的效果后，她又怀着对儿童的无限挚爱，把情境教学推广到各科教学中去，让儿童的身心素质得到

李吉林在教学中

全面和谐的发展。

经过28年锲而不舍的反复实践，她创造了一整套“情境教育”的思想体系，丰富了我国教育理论的宝库，得到了教育界的一致好评。她被选为中国教育学会副会长,被聘为中央教科所兼职研究员,华东师范大学、南京师范大学兼职教授,教育部小学教材审查委员,成为南通教育界的一面旗帜，无数教师景仰和学习的楷模。

建立一个名师型人才培育的新机制，一直是南通教育界孜孜以求的目标。10多年前，南通就启动了“跨世纪优秀园丁培养工程”，从学历达标、学历提高、学科带头人培养三个层面提出了教师业务培训的目标。近几年，又在教师队伍建设中大力推进“青蓝工程”、“科研骨干培训工程”，广泛开展了教学基本功大练兵及课堂教学大比武活动。他们建立了江苏省第一个小学教师培训中心，创办了江苏省第一个名师培养的沙龙组织——“名师之路”教育科研沙龙。

多年的实践探索使南通教育的决策者体会到，零散的培养活动，远远跟不上教育发展的需要。目前南通教师队伍中省特级教师、市学科带头人和市骨干教师500多人，仅占整个中小学教师队伍的百分之一。为了改变这一状况，南通启动了名师型人才培养工程。“十一五”期间，计划培养在省内外有影响并得到认可的名师20人，培养省特级教师、市级名师、市级学科带头人和市级骨干教师500人，培养县（市、区）级学科带头人、骨干教师为主体的优秀青年教师2000多人，努力形成特级教师、名教师、学科带头人、骨干教师、教坛新秀的优秀教师培养梯队。他们制订了《南通市中小学名师型人才培养计划》，建立了南通市中小学名师型人才培养工作领导小组，各地各学校也建立了由一把手亲自挂帅的名师型人才培养工作领导小组。

2008年年初，南通市中小学名师培养导师团宣告成立。这是全市最高层次的师资培训专门组织，由包括李吉林、李庾南在内的23位在省内外有影响的名师组成，负责全市名师培养对象的遴选、培养、管理、考核。

由中国教育学会、中央教科所、人民教育出版社、中国教育报刊社联合主办的“李吉林教育思想研讨会暨《李吉林文集》首发式”，于2007年在首都北京隆重举行，与会的全国许多著名学者专家对李吉林老师、对南通教师队伍建设成就予以了高度评价，赞扬南通的教师队伍“特别能吃苦，特别肯奉献，特别会钻研，特别讲团结”，是一支特别能战斗的队伍。这支队伍中，在全国影响广泛和受到高度评价的先进典型层出不穷。

宁蒗县，受制于崇山峻岭的阻隔，原是云南最穷、教育最落后的县。海安赴云南宁蒗支教群体坚持20年，近200名教师六轮接力，辛勤耕耘，智力支边，把爱和智慧洒遍了南疆这片贫瘠的土地。由海安教师负责教学管理和承担主要教学任务的宁蒗县宁海中学，中考成绩和升学率连续9年在丽江地区名列榜首。从1993年起，由海安教师执教的宁蒗县民族中学高中部，为宁蒗培养出合格高中毕业生693名，其中70%进入高一级学校深造，高考成绩连续6年夺得丽江地区冠军。海安为此受到国务院的表彰，被评为“全国民族团结进步模范集体”。

南通西藏民族中学校长施乃平情系民族教育，带领全校教师以高尚的人格陶冶学生，创造了一流的业绩。建校短短10年，办学成绩一直居内地西藏班（校）前列，为西藏培养了1000多名优秀毕业生。2006年高考，获得全国所有内地西藏学校高考成绩第一名的优异成绩,并摘得文、理科状元。2007年高考，理综均分、文综均分和总均分均居全国内地西藏班（校）第一。学校领导和全体教师以强烈的政治责任感、高度的敬业精神、优秀的教育业绩在西藏赢得了很高的声誉，谱写了民族团结的时代新篇章,被评为“全国援藏教育先进集体”。

被誉为平民教育家的栟茶中学姚止平校长，成为CCTV“2007《感动中国》年度人物评选”候选人。2007年1月7日，《人民日报》在头版头条的位置报道了他的优秀事迹。

栟茶中学地处如东县偏僻的南黄海边，生源主要来自周围农村。正是这样一所原先并不知名的农村中学，在姚止平的引领下，创造了农村中学教育的传奇神话：高考本科录取率每年都在90%以上，连续5年本科上线率进入全省10强。学校招收的是二流生源，却培育出大批一流学子，为千家万户的农家子弟铺就了通向成功和辉煌之路，被社会和教育界誉为“栟中现象”。联合国教科文组织官员，全国30个省、市、区的2万多名同行先后前来取经。

姚止平是一位深受百姓爱戴的平民教育家。他不仅高瞻远瞩，较早提出了平民教育的办学主张，而且满怀深情，亲力亲为。

他坚持教育的主体性，有教无类，保证让每一个学生在学校都能健康成长。对学生，他倾注了满腔的热情与爱心。在他的眼中，学生就是教育的全部，学生就是社会的未来与希望。他不止一次地对老师说：“每一名学生，对我们教师来说是几十分之一，而对每一个家庭来说都是百分之百。”因此，在他管理下的栟茶中学，每一位老师都必须有博爱的情怀。不放弃一个学生，将精致管理的目标指向每一个学生，是所有教师都必须确立的一个共同目标。“没有一颗蛀牙”成为栟茶中学坚持以学生为本的育人观的代名词，成为每一名栟中学子奋发向上的精神动力。

他坚持教育的全面性，自觉把家长对孩子的殷切希望作为学校对学生未来负责的客观责任，为学生的全面发展竭尽全力。

他坚持教育的人文性，想百姓所想、急百姓所急，千方百计解决贫困学生的上学困

央视记者采访姚止平

难，对学生的爱是那样无私、那样纯粹。

他坚持教育的高效性，深知农家子弟上学的不容易，提出了低进中出、中进高出、高进优出的要求，坚持朴实教学，始终追求卓越，创造了令人叹服的高考神话。

正是这种关爱人人的平民情怀，引领着他与全校师生一起，把学校办成了人民群众最满意的品牌学校。他的“平民教育”思想已走出南通，走向江苏，在全国也有了较大的影响。

把素质教育作为基础教育的核心来抓，是南通教育的一大亮点。整体优化，均衡发展，宏观调控，区域推进，优化师能，增强师德，德育为首，有效创新，是在实践中摸索出来并被实践证明行之有效的经验

近几年，中央电视台、《人民日报》《光明日报》《中国教育报》对南通推进素质教育的做法都作了详细报道。教育部在2007年呈送中共中央的《关于素质教育的调研报告》中，将南通作为推进素质教育的先进典型之一，给予了较高评价。南通素质教育的成果，也提升了人民群众对教育的满意度。在南通组织的由人大代表、政协委员和市民参与的市级机关千人行风评比中，南通教育创造了行风评议连续3年被排在先进单位行列的佳绩。

均衡发展是基础教育发展的一条重要原则。办好每一所学校，是推进素质教育的重要前提。南通实施区域推进策略，着力进行教育资源的整合优化，切实落实依法治校，努力促进各级各类学校协调、均衡、和谐发展。南通的办法，首先是撤并改造薄弱学校，合理布局，适度规模，从而达到整体优化的目的。全市中小学由原先的4000多所减少为800多所。同时以实施省重点工程为契机，大力推进“六有”、“校校通”、教育现代化工程和合格学校建设，促进了学校整体办学条件走上新台阶。同时改革用人制度，大力推行城市学校、重点学校教师到乡村学校、一般学校任教制度，缩小了学校间因师资水平造成的差距。在这样的基础上规范招生，促进学校生源的均衡，整合资源，促进教育资源的均衡，保证了各县市区之间教育整体水平大致相当。

没有强有力的领导与调控，没有区域化的整体推进，素质教育是难以取得真正成效的。南通教育主管部门强化对全市的素质教育工作整体设计，统一部署，系统推进。从外围到攻坚，从环境课程到活动课程再到学科课程，围绕一个个重点，有计划、有步骤地取得突破，确保了各县（市）区和学校推进素质教育的整体联动，步调一致。

实施素质教育，关键在于行动。近几年，他们采用“示范引路、滚动推进”战略，以县（市）区为单位，轮流召开小学和初中素质教育现场会。一次现场会，确立一个主题，启东会议的“开发活动课程”、如东会议的“打好课堂教学攻坚战”、通州会议的“三类课程融为一体推进”等，将素质教育一步步推向深入。在坚持整体联动原则的同时，南通还积极鼓励各地的学校个性生成，启东的科技发明、如东的效率课堂、海安的艺术教育、通州的名师沙龙等，各地各校在全市规定动作做到位的前提下创出了各自的特色。南通中学的“难忘教育”、南通一中的“爱心教育”、通师二附的“情境教育”、虹桥二中的“协同教育”、东洲中学的“心理教育”等都在省内外产生了广泛的影响。

把“让每一个学生都获得最大发展”的理念作为各级各类学校的办学主旨，并逐渐内化为学校管理者和广大教师们的人生追求，体现在教育教学的具体环节上，是南通素质教育的核心。

青少年思想道德教育的关键是提高实效性。南通以学生日常行为规范教育为起点，以各类活动为载体，建立了以青少年学生为主体的江海志愿者队伍，组织开展各类服务活动130场次，服务78480人次，被中宣部评为全国文明新风典型。学生们在活动中体验生活，提升情感，提高素质。全市70万红领巾创业预备队行动获教育部、团中央和少工委授予的十大金奖之一。所有学校都建立了家长委员会，各社区也建立了青少年教育中心，加强沟通，整合力量，整体联动，不断提高青少年思想道德教育工作的组织力度和集约化水平。

南通把实践能力和创新精神培养作为深化素质教育的重点。他们以实施新课程为契

启东中学迎接奥赛学生

机，在课堂教学的关键环节上求突破，更为注重学生的主体作用，培育学生的主动精神，鼓励学生的创造性思维，保护学生好奇心、求知欲，使学生生动活泼主动地发展。开发具有地域文化特点的地方教材和校本教材，引导学校主动吸取江海地方文化和学校教育传统中的精华，带领学生走向社会，深入社区，提高创新和实践能力。近几年，南通市学生科技发明制作，获省级以上科技发明创新奖2000多项，其中100多件获国家级奖励、10多件获国际大奖，200多项成功申报国家专利。在世界中学生学科奥赛中，获得14金2银。南通盲童学校学生季烨剑发明的新型盲文书写器，改变了200多年来盲人的书写方式，获第五届宋庆龄少年儿童发明奖，受到了诺贝尔奖获得者著名物理学家杨振宁的高度称赞。

南通被誉为“世界冠军的摇篮”，是闻名全国的体育之乡，先后走出15位世界冠军和7位奥运冠军，素质教育也功不可没。南通市各级教育部门坚持健康第一，全面落实《学校健康教育评价方案》、体育卫生两个《条例》和《学生体质健康标准》，努力使每位学生较好地掌握两项健身锻炼的体育技能和一项艺术技能,使广大学生得到全面发展,在世界中学生体育竞赛中共获得42枚金牌，多次打破世界纪录。在2007年召开的省第十六届运动会上，南通市青少年学生共获得170多枚金牌，占十六运金牌总数的五分之一还多。

在南通，每一所学校都有一种独特的校园文化，都有一股浓郁的文化气息。每一所学校都可以讲述自己关于文化追求的许多动人故事。海门市天补中学是一所普通的农村中学，却因为“补天戏剧社”而声名大震。海安学生花鼓队进京参加国庆50周年庆典，获中国民间文艺最高奖——“山花奖”金奖。通州市石港小学“端端正正写字，端端正正做人”的写字教学可圈可点。启东实验小学以版画教学彩绘学生人生，许多同学由此走上艺术之路。启东大江中学学生有多项科技发明获亿利达成果奖，多人被中国少年科学院授予“院士”称号。

作为全国职业教育的先进单位，南通的职业教育已经成为高中教育的“半壁江山”，每年都要为地方经济建设输送数以万计的高素质劳动者。海安县双楼职业中学创办于

20世纪50年代，是全国第一所农村职业中学，被誉为“全国农村职业教育的一面旗帜”。职业教育服务新农村建设，全市有15个专业创建新一轮省级示范专业。全市36所中等职业学校和129所乡镇成教中心积极服务新农村建设，仅2007年就实施农村劳动力转移培训16.59万人，开展农村实用技术培训36.05万人次，通过培训转移农村劳动力6.54万人。全市乡镇成人教育中心校办短训班累计3500多个，完成农业实用技术培训72万人次。加强重点职校建设，以职业学校带动农村成人教育中心建设，已经成为南通职业教育和社会教育服务新农村建设的一大特色。

第十一章 和谐的乐章

一个家庭、一个地区是否进入全面小康，有一个关键指标，就是社会保障覆盖率。一个地区、一个社会是否和谐，群众最关心的一项内容就是安全。

改革开放以来，南通的社会保障制度框架基本建立，诸多工作走在全省乃至全国前列，密织的社会保障网让越来越多的百姓享受到了实惠。南通首创的"大调解"工作机制，是解决新时期人民内部矛盾的有效举措，也成为"平安南通"的第一道防线。2007年2月12日，南通市委十届二次全会通过了《关于建设社会和谐新南通的实施意见》，作出了争创十大和谐目标、构建十大和谐关系、开展十大创建活动的重要部署。靠党委、政府各职能部门全力以赴，密切配合，一部部和谐的乐章在8000平方公里的江海大地奏响，在770万南通人民心中激荡。

围绕"住有所居"的目标，南通初步建立了全方位、多层次、广覆盖的城镇住房保障体系，率先在全国将廉租房制度扩大到城镇低收入家庭，保障水平居于全国领先地位

南通市早在2005年就将廉租房制度的受益面扩大到家庭人均月收入500元以下的低收入家庭，并逐年进行调整以扩大受益面。从2008年4月开始，南通市政府将市区廉租住房受益面，由上年度的人均住房建筑面积低于15平方米且家庭人均月收入低于700元的住房困难家庭，扩大到人均住房建筑面积低于20平方米且人均月收入低于750元的低收入住房困难家庭。其住房面积标准在全国大中城市中处于领先水平。

2008年6月，根据《南通市市区保障性商品房管理暂行办法》，南通市房管部门采取公开、公平、公正的办法，对上半年提出购买保障性商品房申请的320户居民经过公示和

"濠滨夏夜"广场演出

调查后，采取公开电脑摇号的形式，确认符合条件者购买的对应房源楼室号。目前，市区共有734户困难家庭通过公开电脑摇号的形式，确定了自己购买的保障性商品房的楼室号。保障性商品房的价格要比市场同类型商品房价格低约一半。

市长丁大卫曾在多个场合明确表示："为保障不同层次的百姓都有房住，我们将坚持在调控房地产中以实现住房供应基本平衡、结构基本合理、房价基本稳定为目标，让住房这个民生大课题得到人性化的解决。"

多年来，南通有计划、有步骤地解决中低收入家庭的住房困难，目前，已形成由廉租住房实物配租和租金补贴、经济适用住房（保障性商品房）、经济适用住房政策性补贴、低价位商品房、公共租屋等保障制度组成的多层次、全方位、广覆盖的城镇住房保障体系。这一保障模式，对低收入住房困难家庭实现了保障全覆盖。

南通是最早实施住房保障政策的地区之一，自1992年开始实施解困房政策，此后陆续建设经济适用住房、安居房等，到2000年累计建成经济适用住房约80万平方米，安排住房困难户约8000户，基本解决了人均住房使用面积6平方米以下的住房特困户的住房问题。1999年，市区建立廉租住房制度，2000年实行经济适用住房政策性补贴政策。此

环境优美的住宅小区

后市区廉租住房政策进行了7次调整，经济适用住房政策性补贴政策也进行了3次调整，保障范围不断放宽，保障标准逐步提高。

对于杨福成一家来说，2007年好事连连，不仅儿子一家三口申请到了廉租房租金补贴，有了租住的房子，而且自己住的3间危房也得到修缮。

杨福成那年59岁，是1971年受伤致残的部队转业军人（二等乙级），1993年下岗，靠拿“低保”维持生活。他的妻子是小学退休教师，1999年因中风生活一直不能自理。儿子月收入约1100元，儿媳妇没有工作，在家服侍老两口。一家三代五口住在仅39.4平方米的平房里，拥挤不堪。

2007年4月，房管部门在街头宣传廉租房调整政策时了解到这一情况后，主动上门服务，为其子一家申办了廉租房租金补贴。目前，儿子一家在附近租了一套60平米的房子。当年7月，在房管局直管公房管理处领导的关心下，年久失修的3间平房又得到加固维修，粉刷一新。儿子还打了购买保障性商品房的申请报告。说到住房条件的改善，杨福成一家个个喜笑颜开：“是政府的好政策，使我们这些社会最底层的老百姓也能够住有保障。”

南通市积极探索住房保障新机制，把解决低收入群体的住房困难作为落实科学发展观,构建“和谐南通”的重要内容，纳入“十一五”规划和政府责任目标实施管理。政府计划用3年左右时间使保障面在占居民总户数8%的基础上扩大到12%，再解决2万户低收入家庭的住房困难。

针对城市拆迁安置矛盾日益突出的问题，南通还把解决城镇拆迁户住房问题纳入住房保障制度，通过“限房价、拍地价”的方式，每年建设60万平方米低价位商品房来满足动迁家庭安置住房的需求，有力保证了“平安拆迁”。

为切实解决外来务工人员的住房困难，从2002年开始，南通市先后兴建了开发区职工宿舍和“五一职工宿舍”等低租金集体宿舍5.6万平方米，为1.6万名外来务工人员改善了居住条件。2007年，政府收购1万平方米低价位商品房用作公共租赁房屋。2008年正在建设的5万平方米的公共租屋，将以低于市场价格约20%的租金专供新就业大学生和引进人才租住。

随着县域经济的发展，南通所辖6县（市）全面出台了廉租住房保障政策，实现了廉租住房保障全覆盖。各县（市）廉租住房保障人均面积均在17平方米以上。

将城镇居民医疗保险和新型农村合作医疗制度逐步对接并轨，南通根据“普惠制”的原则，努力做到医疗保险全覆盖、无缝隙，让社会弱势群体共同享受改革和经济发展的成果

2007年7月，当全国城镇居民基本医疗保险试点工作会议在北京召开之时，南通新城桥街道的困难居民陆明珍已经从市长手中接过医疗保险卡，开始享受医疗保险待遇了。

当年4月启动这项工作，到7月1日为止，南通已基本建立了这项制度，成为全省实施速度最快、实施效果最好的省辖市。

58万人参保的城镇居民基本医疗保险制度的建立，填补了南通市全民医疗保险政策体系的“最后一块空白”。这一政策与115万人参保的职工医疗保险、530万农民参加的新型农村合作医疗一起，使覆盖所有城乡居民的全民医疗保险政策体系在南通初步实现。

每个星期五上午，身患尿毒症的季丽红都要在丈夫的陪伴下，从曙光新村赶到市中医院做血透。

“不生病，不知道医疗保险政策好。”拿着账单，季丽红算了一笔账，每次400元的血透费，拿着医疗保险卡即付即报，加上是低保户，自己只要花30元。

季丽红原是南通运输公司的职工，1995年被查出患有尿毒症。那时，生了病就只有靠单位。“当时单位效益不好，厂里一些同事的医药费要一年半载才给报销。”思前想后，季丽红没敢做血透，而靠吃药勉强支撑。1998年因病退休时，季丽红的月收入才200多元，丈夫的单位也不景气，家里还有在上学的女儿，“这样一来，更不敢花钱看病了。”

2000年起，南通采取享受多种不同形式医保待遇、多方筹资的办法，将市区215家

送医到船头

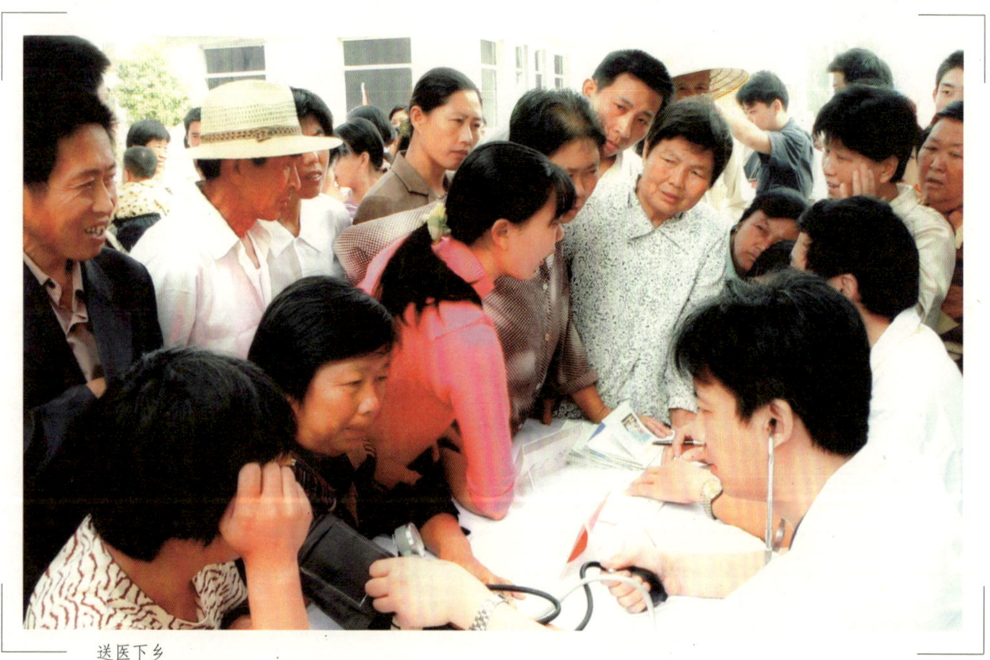
送医下乡

企、事业改制单位纳入医疗保险。就在这一年，季丽红所在的企业进入了医保。第二年，季丽红开始做血透。如今，季丽红的身体一天天好起来。更让她想不到的是，2008年7月，季丽红正在读大学的女儿也由政府免费纳入了医保。

“要不是有政府的关心，要不是有医疗保险，哪有我的今天！”季丽红感激之情溢于言表。

全民健身

季丽红一家的经历，是南通医疗保险制度改革的一个缩影。

1996年，南通市作为全国第二批医疗保险制度改革扩大试点城市，启动城镇职工医疗保险制度改革，在全市范围内开始实现从公费医疗福利制度到社会医疗保险制度的历史性转变。

经过10多年的努力，南通已逐步建立起覆盖所有城镇职工的基本医疗社会保险制度，2006年全市参保人数突破100万人，市区超过40万人，原国有、集体困难企业的退休人员基本上都纳入了职工医保范围。农民的医疗保障，经过近几年的探索推进，初步形成了新型农村合作医疗保险的制度框架，全市有90%以上的农民参加了新型农村合作医疗。

2007年4月，南通出台《市区城镇居民基本医疗保险试行办法》，将城镇职工医疗保险、新型农村合作医疗覆盖范围之外的市区非农户籍、无从业工作单位、无承包经营土地的所有城镇居民（包括少年儿童和中小学生）都覆盖在保障范围之内，并将保障对象拓宽至失地农民、市属高校的学生、外来打工者子女、外地读书的南通籍大学生等各类人员，真正打破了城乡藩篱，让原先处于医疗保险未能覆盖的“真空地带”的人们，开始沐浴到医疗保险制度的雨露。

国家劳动和社会保障部于2007年12月在成都召开全国推进统筹城乡就业试点工作座谈会，作为大会主题发言城市，南通统筹城乡就业的工作经验引起高度关注

2007年12月7日，失业人员杨凯平从崇川区虹桥街道劳动（人事）和社会保障服务所领到了自己的创业合格证书。他兴奋地说，是街道服务所的“个性帮扶”政策为他提供了创业的机会。现在，杨凯平已经开了一家鞋店。

根据失业下岗人员自身特点，开展有针对性的创业培训，实行“个性帮扶”，是近年来南通积极实施以创业带动就业内容的一部分。

如今，这种有针对性的创业培训，已经延伸到大中专毕业生、进城务工的农民和社会其他群体。城乡劳动者创业指导中心，以及由18家单位44名专家组成的南通市大中专学生职业指导专家服务团的有效运作，使统筹城乡就业工作取得了实质性进展。

2007年，南通的城镇登记失业率为3.13%，全市160个社区达到充分就业社区标准，创建达标率为56.5%，仅市区就解决了253户“零就业家庭”411名失业人员的就业问题。至2007年9月底，全市已动态消除了“零就业家庭”。

在南通，各级政府的主要负责人是促进就业工作的第一责任人。市政府把就业工作列入全年对各级政府考核的主要指标，建立了“一票否决”的评先创优考核制度。南通还先后出台了《城镇就业困难人员灵活就业社会保险补贴实施细则》和《关于调整小额担保贷款政策措施的通知》《农村劳动力充分转移乡镇、村考核办法（试行）》等8个配套政策措施，构成了较为完备的新一轮促进就业扶持政策体系。

近年来，南通市公共财政支持就业和社会保障的扶持体系逐步建立。从2004年起，政府财政拨专款用于劳动保障“金保工程”建设，累计投入1816万元，使全市的劳动保障工作走上信息化服务的快车道。五年来，市财政用于下岗职工基本生活保障和再就业资金达2.2亿元。全市152家公共职业介绍机构免费为城乡劳动力提供公共就业服务。2005年，街道（乡镇）、社区劳动保障服务所实现机构、人员、编制、经费、设施、场所“六到位”，

社区组织残疾人学习就业技能

城乡一体的就业服务体系日臻完善。南通人力资源市场还与人才市场联网贯通，实现资源共享，市、县统一规范人力资源市场建设取得突破性进展。与此同时，面向所有劳动者的职业教育和培训体系不断健全。2007年，159家重点培训机构为城乡5万名劳动者提供了形式多样、有针对性的培训。此外，南通还在全市范围内建立了10所高技能人才培训基地，年培训量突破1万人。

在构建促进就业长效机制的同时，南通高度重视困难群体援助机制的建立。

家住市区新建东村的董其林因年龄偏大，又无技能，一直未能找到就业岗位。为了尽快帮助她摆脱困境，街道劳动保障服务所的工作人员安排她参加家政培训班的培训，帮助她找到一份收入不错的家政服务工作。像这样依托基层劳动保障平台，大力开展充分就业的社区创建活动，是南通促进就业的又一重要举措。2007年，街道、社区开展个性技能培训和个性帮扶、“一对一”扶助等措施，先后帮助3万余名困难下岗失业人员实现了就业和再就业。

工伤保险实现社会全覆盖的过程，折射出南通劳动保障部门以人为本、因地制宜、务实创新、灵活有效的政策理念和服务理念

2001年，南通一家船舶公司的一位合同制工人在船舱进行补焊和打磨时，突然发生火灾，被大火严重烧伤，截去下肢。

由于公司为他交纳了工伤保险在内的各项社会保险，经过近20个月的治疗，这位工人基本康复，经劳动部门鉴定为工伤三级。其工伤导致的医疗费用、一次性伤残补助及装假肢的费用等近34万元，由工伤保险经办机构给予一次性报销。此外，由于完全丧失劳动能力，公司为他办理了工伤退休手续，他现在每月能从劳动保障部门拿到伤残津贴1200多元，每月还有460元的护理费。船舶公司从领导到职工都十分感慨：“要不是参加工伤保险，发生这样的事故，职工和企业都难以承受啊！”

1992年，江苏省工伤保险制度改革首先在南通迈出第一步。1994年，南通基本建立起覆盖全民所有制企业的工伤保险制度。两年之后，又覆盖到城镇大集体企业和外资企业职工。2003年，在南通的中央、部、省属单位的1.5万名职工全部参加了地方工伤保险。2004年，全市90%乡镇区域内的企业也参加了工伤保险。目前，全市已从制度上实现工伤保险的“全覆盖”。

工伤保险全覆盖的过程，折射出南通劳动保障部门以人为本、因地制宜、务实创新、

灵活有效的政策理念和服务理念。

就政策层面而言，南通没有搞“一刀切”，而是实行“捆绑”与“松绑”相结合的办法。一方面实行“捆绑”政策，明确规定凡已参加养老保险的企业，应同时参加工伤保险；另一方面，根据企业现阶段的承受能力，对高危行业，特别是农民工居多的建筑、船舶修造企业，建立工伤保险单险种先行的“绿色通道”，实行“松绑”政策。

国有集体企业改制前的老职工工伤问题，是国有集体改制企业参保的瓶颈。南通充分考虑历史原因，经市政府批准，将这一批老职工纳入了工伤管理范围，凡符合有关规定的均享受工伤保险待遇。这样，就为改制企业改制和参保铺平了道路。改制后，则责成企业首先理顺劳动关系，然后将所有职工全部纳入工伤保险。

高危行业，特别是建筑业农民工参加工伤保险，是一大难题。南通从完善政策入手，抓引导、联动、执法，并较好地运用了“捆绑”与“松绑”的政策。为及时将基金征缴到位，工伤管理部门除主动上门做好服务外，还通过点面结合、降低门槛、创新参保模式等，尽量做到应保尽保。对无法以实名制参保的单位，工伤管理部门联合安监、招标办等部门，采取以实际工程项目为参保对象，以特定“参保协议书”为管理载体的办法，首创“项目参保、核定预征、协议管理”的工伤保险新模式。目前，仅市区就有200多个施工项目近3万人纳入了工伤保险。

对未参保的农民工实行工伤救助，是南通市力求实现参保农民工与非参保农民工保险“无缝对接”的重要举措，旨在杜绝个别企业规避农民工工伤保险责任的行为。工伤救助办法规定，凡与市区各类企业、有雇工的个体工商户建立劳动关系或者形成事实劳动关系的农民工，遇到用人单位未给农民工参加工伤保险的，发生工伤事故均可向市劳动保障部门申请获取工伤救助。同时有关部门将追究这些用人单位的法律责任。

2007年11月22日，国家劳动和社会保障部工伤保险司司长陈刚专程到南通调研工伤保险覆盖所有从业人员的创新成果，并决定在全国推广。

在大力构建和谐社会的进程中，南通率先探索出了一条有效促使社会矛盾纠纷和谐化解的创新之路——整合司法、行政和社会力量的“大调解”工作机制

2007年9月，由中国城市竞争力研究会举办的“首届中国最安全城市排行榜”揭晓，南通在661个城市中跻身中国最安全的30个城市之列，名列第八，并位居全国地级城市第一位。此前，南通已经连续5年在全省公众安全感抽样调查测评中名列前茅，在2006年

国家统计局公众安全感抽样调查中获得98.62%的高分，在4年一度的“全国社会治安优秀城市”评选中连续两届折桂。探究建设“平安南通”的秘诀，“大调解”工作机制功不可没。“大调解”，是解决新时期人民内部矛盾的创举，也是“平安南通”的第一道防线。仅2007年，全市就成功化解矛盾纠纷2.8万件，其中劝阻集中上访10409人次，防止民间纠纷转化为刑事案件289起。

进入21世纪，南通的发展进入了快车道。然而，由于进入社会转型期，经济结构、价值观念、分配形式和生活方式的多元化，带来了许多新情况、新问题，各种社会矛盾纠纷凸显，社会不安定因素增加，各类民事和刑事案件出现了增长的趋势，给“平安南通”建设提出了新的课题。

2002年6月10日凌晨，海门市刘浩镇的一间民房突然变为火海。“救命啊……”38岁的张菊芳撕心裂肺地呼喊，但大门被铁链紧锁，她被活活烧死。现场惨不忍睹。

纵火行凶的是同村村民李菊兰。李菊兰痛恨张菊芳经常在背后说自己的闲话，多次与之争吵，最后买来40公斤汽油，将她活活烧死后自杀。

两个女人的悲剧，绝非偶然。南通虽是全国社会治安综合治理先进城市，但前些年每年的社会矛盾纠纷总数仍然超过7万起。传统的由司法行政部门主管的人民调解工作，无力化解面广量大的社会矛盾。2002年，全市发生70起杀人案，80%以上是由普通民事纠纷激化引起的。

严峻的治安形势，引起市委、市政府的高度重视。2003年4月，借鉴社会治安综合治理工作“党委领导、政法牵头、各部门齐抓共管、全社会参与”的经验，南通结合重建基层调解网络，创造性地提出了建立“党政领导、政法牵头、司法为主、各方参与”的大调解工作思路。

经过一年的努力，全市所有的县（市、区）和乡镇，都建起了社会矛盾纠纷调解中心，形成了县、乡有中心，村有调委会，组有民调小组，每10户有调解信息员的大调解网络。当时就明确，这个“大调解”机制专门解决“法院管不着，村居（委）管不了，乡镇管不好，治安处罚根治不了”的问题。

调处中心实行“一站式”服务，统一受理各类矛盾纠纷，集中梳理后落实到具体责任部门。有关单位必须在规定时限内反馈调处结果，一般民事纠纷10日内办结，复杂矛盾纠纷20日内办结，特殊情况不超过两个月。法律有明文规定、多次调解仍存在较大分歧的，及时引导当事人通过司法途径解决。

这一年，南通市县、乡两级调处中心共受理矛盾纠纷近2万起，调处成功率达97%以上。也就是这一年，南通百人发案率降至0.176%，为全省最低；社会公众安全感测评满

南通各地都建立了社会矛盾纠纷调处中心

意率98.4%，为全省第一。

如今，“有困难找110，有矛盾找中心”，成了南通市民常常挂在嘴边的一句话。人民调解、行政调解、司法调解三位一体、相得益彰的新机制，不仅方便群众，而且大大提高了解决社会矛盾纠纷的时效。

以运行大调解机制比较早的启东市为例，2000年至2003年，全市发生的拆迁纠纷达360多起，多次引发群体性上访。大调解机制建立后，市调解中心组织分管副市长和群众对话，群众了解了城市规划建设的情况，而政府也当场解答了群众提出的具体问题，使纠纷很快得到圆满解决。2004年到2007年，启东尽管拆迁面积接近百万平方米，拆迁居民近万户，却没有发生一起越级集体上访事件。

最早建立大调解机制的通州市，经过几年的探索实践，已形成网络健全、责任明晰、工作规范、保障有力的大调解机制。2007年落成的建筑面积为1300平方米的市级调处中心由25个职能部门派员进驻，以“平滑对接、高效对接、实时对接”为基本原则，建立公调、检调、诉调、劳调等对接机制，进一步扩大调解成果。2008年，通州以劳资纠纷调处站、环保纠纷调处站、拆迁纠纷调处站、医患纠纷调处中心“三站一中心”为标志的大调解体系不断完善，并建立相应的调解办公室，构成大调解框架下的三级专项纠纷调处工作新体系，形成专项纠纷的排查预警、受理调处、纠纷快报、考核奖惩等一整套调处工作制度，并按照“预防在先、发现在早、处置在小”的原则，制订了重大纠纷预警预案，收到良好的效果。

社会矛盾纠纷总是伴随着社会经济的发展而演变。当前，民生问题号称中国新的最大的政治。过去矛盾纠纷主要为婚姻家庭、宅基地、邻里、债务等类型，占矛盾纠纷总数的80%以上，现在社会矛盾纠纷总量80%以上主要是围绕人民群众就业、就医、就学、就住、就保等五大民生问题而引发。医患纠纷、劳资纠纷、环保纠纷以及征地拆迁等社会热点问题以前所未有的势头迅猛上升，成为社会矛盾的新主体。这些矛盾纠纷专业性强，化解难度大，仅靠现有的综合性调解手段很多时候效果不如人意。这就使得综合性调处机制下多元化、专业化调处机构呼之欲出并大显身手。为此，南通市在实现调解员队伍由兼职型向专职型转变、调解机制由综合调解向专业调解转变方面作了新的积极探索。

2008年2月28日上午，坐落于市区人民中路起风大楼的南通市医患纠纷调处中心正式对外揭牌，这是江苏省首家由政府出资成立的第三方独立的医患纠纷专业调解机构。医患纠纷调处在工作理念上坚持医患和谐的目标，通过加强教育疏导和帮助解决困难相结合，依法按政策办事与特殊情况个案处理相结合，让卫生事业的更多的发展成果惠及普通百姓。

4月中旬的一天，外地来通就诊的患者李某因上腹部疼痛到某医院就诊，经检查诊断为左肾结石、积水，左侧输尿管结石，给予左氧氟沙星、硫酸镁静脉滴注等治疗。次日下午在院输液时，突发心跳、呼吸骤停，经抢救无效死亡。此时，家人情绪非常激动，聚集多人到院闹事。市医调中心接报后，组织人员赶到医院，先做好事态的平息工作，然后调查了解具体情况。院方认为，死者为心源性猝死。死者家属认为，患者死亡是医院诊治和护理不当所致，要求院方赔偿30余万元。双方一时陷入僵局。市医调中心经过近40个小时的调处，认为院方在诊疗过程中并无明显瑕疵，考虑到死者有年迈的双亲，从人道主义和照顾弱势群体的角度考虑，由医院给予一次性补助，至此双方握手言和。

市医调中心运作仅3个月来，接待来访群众90件200多人次，直接受理医患纠纷11件，已成功调处7件。在群众满意率问卷调查中，96%的患方当事人选择市医调中心作为解决医患纠纷的主渠道，有90%以上的群众均认为市医调中心是一个值得社会群众信赖的机构。

除此以外，南通市还建立了环保纠纷调处中心、劳资纠纷调处中心以及具有区域特色的海上纠纷调处中心。这些专业性的调处机构有效地推动了大调解建设由综合调解向专业调解的转变。

连续7年跻身全国县域经济基本竞争力百强县（市）行列的通州市，在感受到经济迅猛发展的同时，也面临着社会矛盾转型的压力。据统计，仅2007年度，全市共发生环保纠纷793起、劳资纠纷1256起、拆迁纠纷320起、医患纠纷83起。4类纠纷占全市社会矛盾总量的55.9%。这些矛盾的产生、激化，不仅制约经济发展、影响社会的稳定，也牵制了领导的精力。

为此，通州市委、市政府果断决策，依托市社会矛盾纠纷调处中心平台，建立“三站一中心”（医患纠纷调处中心和劳资纠纷、环保纠纷、拆迁纠纷三个专项调处工作站）。建立“三站一中心”最大的优势在于有效整合专业调处资源和部门职能，在最大化地降低调处成本的同时，实现调处效果的最优化。

平潮镇一家企业生产过程中产生的振动、扬尘等问题，影响了群众生活。企业周边群众认为该企业噪音、粉尘严重影响了他们正常的生活秩序，多次到市、镇两级上访，并扬

南通警方开门大接访

言若不彻底解决该问题，将越级向上反映。市调处中心环保纠纷调处站调解员多次到现场实地察看、调查了解，与当地党委、政府、企业、群众面商，先后召开4次协调会，寻求最佳解决方案，化解企群矛盾。最终，企业另选新址搬迁，周边群众感到很满意，并写来感谢信。

仅2007年以来，通州市调处中心环保纠纷调处站共处理环保纠纷793件，有力地维护了群众的利益，促进了地方经济的发展。

“南通调解员的工作方法已经具备了基辛格外交的风格！”2005年5月10日，在国际享有盛誉的纠纷调解和冲突化解的资深专家、美国犁铧学会执行主席伊万斯博士来到南通。在崇川区调处中心，他饶有兴趣地参观了中心的谈心室、模拟法庭等，并将调解船务公司噪音纠纷等成功个案认真记录下来。在现场考察后，他感慨地说：“大调解不仅适应中国社会发展规律，在世界上也是独特的！”

“只有让老百姓有地方出气，有地方讲理，才能实现政通人和……及时发现和调解社会矛盾，需要有一个制度性的安排。南通市建立社会矛盾大调解机制，由此也就有了制度创新的意义。”新华社《新华每日电讯》在头版头条报道南通的经验并加以评论。

2004年12月，时任中共中央政治局常委、中央政法委书记罗干来南通视察，对“大调解”给予了很高的评价。他说：“大调解为促进社会稳定，建设和谐社会，积累了非常宝贵的经验。”中央政法委、中央综治办将南通的“大调解”与浙江的“枫桥经验”并列为全国综治工作重大创新向全国推广。

在创新和实践“大调解”机制的同时，南通政法战线的干警恪尽职守，为“建设平安南通，打造最安全城市”忘我地工作，赢得了人民群众的交口称赞。

南通市刑警支队是政法战线的佼佼者，他们发扬“甘于牺牲奉献、善于攻坚克难、勇于挑战极限”的南通刑侦精神，1992年以来，使南通市命案侦破率连年保持在97%以上，其中 1992 年、1995 年、2002 年、2003 年、2005 年、2007 年命案全部告破。著名美籍华人、国际刑侦专家李昌钰博士赞叹:“南通刑警的高破案率在世界都是一种奇迹。”国务院曾授予南通市公安局刑警支队“特别能战斗刑警队”荣誉称号。

顾瑛，刑警支队支队长，先后被评为“全国优秀人民警察”、“江苏省劳动模范”。有一次李昌钰讲课说到美国警察是将刑侦当做事业而不是当做职业做，顾瑛马上说，我们南通警察也是当做事业来做，我们远远超出这个境界，我们有一种使命感和责任感。正是这种使命感让本来只有初中学历的顾瑛成为我国首届自考法律大专生；更让顾瑛在工作中不断创新，结合自己多年的刑侦经验，亲自设计出一套集预防、控制发现和打击流窜犯罪工作于一体的公安机关内部警示系统，依靠这套系统每年破案达到千余起。正是这种使命感，顾瑛以 50 多岁的年纪，身患心肌炎、肺炎、肾功能损坏等 7 种疾病的身躯出现在大案要案命案的第一线，和年轻人一样，吃住在案发现场，一蹲就是几十天，最累的时候，他要扶着楼梯一步一步地挪上楼。

为了南通老百姓能够平平安安地过日子，南通政法干警就这样默默无闻地奉献着，每个人身上都有一串感人的故事。

社会矛盾纠纷调解现场

第十二章 人在画中游

濠河，是一张令无数南通人感到自豪的“城市名片”。作为国家AAAA级旅游区，江苏省首批历史文化保护区，濠河风景名胜区一举摘取了“2005年中国人居环境范例奖”，南通也因此成为全国首批“水环境治理优秀范例城市”。

“城在水中坐，人在画中游。”这是一位著名的作家为南通写的两句歌词，如今已常常挂在南通人的嘴边，成为向外推介南通这座风景优美、最宜人居的山水城市的广告词。

从让水变清、让岸变绿、让城变美，到“城在水中坐，人在画中游”，濠河整治成了历届政府的“接力棒工程”，锲而不舍坚持了20余年

后周显德五年（公元958年）南通筑城。明万历年间，又在城南辟新城。新旧两城，一大一小，前后相接，状似葫芦。这两次筑城，都充分利用了天然水泊，裁弯就直，挖沟串连，环绕新旧两城的护城河——濠河成了链珠似的南北两环，而且“特深广，望之汪洋，足称巨观”（《光绪通州志》）。濠河外与江、海、运河相通，潮汐与共；又与城里纵横交错的市河相接，“民擢楫运”，“东西南北往来不绝如织”（《光绪通州志》）。

如今的濠河，全长约10公里，内外河岸线长20公里，水面1040亩，最宽处215米，水波浩渺，形同湖泊，最窄处不足10米，又像丝带飘流。日益扩大的南通城，因濠河而成为具有“水包城，城包水”独特景观的美丽城市。

然而，就是这样一条承载着南通历史和希望的母亲河，在20世纪中期，差一点面临前所未有的“生存危机”。

谈及“生存危机”，时任濠河风景名胜区管理处负责人的陈瑞源至今仍心有余悸：“如

春到濠河边

果不是政府下大决心，进行大规模的整治，濠河差一点就被填掉了！”

“50年代淘米洗菜，60年代用水灌溉，70年代鱼虾断代，80年代成为公害。”这是当时对濠河遭侵蚀和污染的形象描写。

那是一个以“数烟囱”而“论英雄”的年代。濠河和国内许多城市河流一样，不可避免地遭到“建设性破坏”。伴随着一座又一座工厂在河边安营扎寨，濠河工业污染成灾，水质黑臭严重。每天，濠河承受着5万吨工业污水和近万吨生活污水的注入。濠河两岸垃圾成山，违章建筑遍布。很多单位侵占水面，填河建房，致使河面缩小了20公顷。长时间没有治理，河床裸露，淤积物达100多万立方米。东北濠河水关桥下则是清运城市居民粪便的粪船码头。昔日的母亲河，难以承受日益加剧的这种种折磨，变成了一条“龙须沟”。

根据当时的测算，要使濠河变清，至少要花费40多亿元。这无疑是一个天文数字。于是，“与其治河，不如填河”的观点开始抬头，有人甚至喊出“不花政府一分钱，消灭南通龙须沟”的口号。

濠河，承载着南通的历史和文脉，寄托着南通市民太多的回忆和念想。如何根治南通的母亲河，成为当时南通百姓关注的焦点，也成为政府工作的难点。1981年朱剑担任南通市市长后，便和副市长兼秘书长徐虎一道，从大码头步行到跃龙桥，实地察看濠河被污染的情况。这次视察，使市领导的心情格外沉重，也坚定了“一定要把濠河治理好”的决心。

很快，市政府成立了濠河治理领导小组及其下属的濠河整治办公室(濠河风景名胜区管理处的前身)。市长担任领导小组的组长。这以后，濠河整治便成了历届政府的“接力棒工程”。一定要把濠河治理好，也逐步成为全市上下的共识。市人大常委会先后两次就濠河治理作出专门决议，市政府也于1986年制订《濠河十年整治规划》。市里下决心先后搬迁和拆除了有严重污染的23家工厂，迁移了濠河岸边的3个垃圾中转站，清理沿河垃圾3万多吨，疏浚清淤38万立方米，拆除了12个水运粪码头，铺设了8000多米排污总管，使多数工厂的工业污水纳入排污管网。

中心城区航拍

在改善外部环境的同时，又先后构筑了5条拦河坝对濠河进行封闭治理。为引长江水入濠河，在通吕运河北土山附近修建了提升泵站，在姚港河建造了青年路涵闸，并修建了西被闸、红庙子桥涵闸和文峰坝涵闸，从通吕运河引长江水注入濠河，循环后又从各个闸口排出，以此改善濠河及周边河流的水质状况。濠河管理处还坚持每天派专人在濠河水面打捞漂浮物。

由于采取了行之有效的措施，并坚持20多年，濠河水质有了明显的改善，目前已达到旅游用水的标准，水质之好，居国内四座至今仍有完整护城河的城市之首。

“老南通”王锡明说，他从濠河的变化感受到城市的巨变和时代的进步。10年前，王

绿茵环绕南通城

碧水蓝天

锡明退休后，便受邀担任夜濠河的导游工作。10年来，王锡明不遗余力地宣传濠河、宣传南通，对濠河的情愫已经融入到他的血液中。城市建设日新月异，变化令人目不暇接。王锡明说："我的讲解稿几乎每个月都要更新！"

濠河风景名胜区的规划建设坚持“于自然中见人工”的理念，更注重自然，依托自然，将保护和利用自然环境结合起来，使濠河与周边的城市景观有机地融为一体

在濠河水越来越清，绿树越来越多的同时，濠河两岸的建筑设施越来越显得陈旧破落。

位于濠河风景名胜区核心地带的濠南路，长度仅750米，却是南通近代教育、实业的发祥地。这里有我国最早的博物苑、师范学校，还有中国民族实业家、教育家、清末状元张謇的故居。尤其是张謇先生1905年创办的南通博物苑，融中国古代园囿与近代博物馆于一体，在中国博物馆发展史上具有开风气之先的意义。然而，由于历史原因，这条路狭窄拥挤，路面破旧，地下设施破损，临街建筑较乱，路边的“濠南夜市”，每到下午5点以后摊子铺满了马路，一直闹到半夜以后，留下一地污垢。

一份市政协委员的提案，把濠南路改造提上议事日程。提案人周健，是南通《江海晚报》编委、采访中心主任。他花了近两个月时间，走访了许多单位，广泛听取意见，弄清了沿途违法建筑生成的历史原因和存在的遗留问题，了解了濠南路地下管网分布情况和改造难度。为了实地掌握交通流量情况，周健还利用早晨、中午、晚上3个交通高峰时段和

中国人自己创办的第一座博物馆——南通博物苑

夜市最最热闹的时候，到5个交叉路口进行了20多次调查，并拍摄了许多照片。

这份提案引起了时任南通市市长罗一民的重视。市政府决定采纳周健委员的建议，在组织政府有关部门进行调查研究后，拨款3000万元，按照建设精品道路、精品建筑和精品街区的目标，把濠南路建成展示南通近代风貌、历史文化和旧城改造的窗口，使濠南路成为城市中心一道亮丽的风景线，并把濠南路改造工程作为新一轮濠河整治和城市建设的突破口，全面提升濠河的人文魅力。

濠南路改造工程完工后被老百姓评为“南通市最受欢迎的市政建设项目”。

濠南路改造使人们进一步认识到濠河的无穷魅力。后来，政府又先后投入20亿元，傍水建造了映红楼、怡园、回归园、碧波楼、环西文化广场、体育公园等30多处生态景观，濠河重新迎来了野鸭、江鸥、鱼鹰、鸳鸯等自然生态群体，基本实现了“生态濠河、旅游濠河”的阶段性目标。

位于西南濠河东侧的环西文化广场，占地2.1公顷，是反映城市、文化建设的高品位文化休闲广场。它以市民游览观光、文化娱乐、健身休闲为主题，融露天演出、音乐喷泉、石刻雕塑、园艺小品、绿化观赏于一体。广场从“濠河明珠”的立意出发，结合弓形的地形特征，以露天舞台广场为中心，临水布置，新颖活泼，富有现代气息。水晶般的露天舞台，占地2800平方米，是南通著名文化品牌“濠滨夏夜”的演出场所。舞台环绕喷泉，附

环西文化广场

设水幕电影，周边广场可供市民晨练、习舞。广场中还要建音乐喷泉，以椭圆形音乐喷泉和线形叠泉为主体，围以观赏座椅，是广场最活跃最壮观的动态水景观。广场的北端入口布置了主题雕塑，以雕塑和石刻反映南通千年历史文化的长卷。整个广场既表达了南通市的现代文明，也体现了传统历史文化。而每年盛夏在此粉墨登场的“濠滨夏夜”广场文艺演出，则又为濠河之滨的这一广场增添了更多的人文魅力和精神色彩。每个周末，当夜幕徐降，华灯初上，环西文化广场的水上舞台，便会响起“濠滨夏夜”优美动人的旋律。诞生于20世纪80年代初、迄今已历28载的“濠滨夏夜”，是南通群众文化的亮丽品牌，2007年荣登《工人日报》“全国工会制造”十大品牌榜首。它以丰富的内容构成和多彩的形式创造，与濠河之滨的美景相依相和、水乳交融。它用歌舞诉说城市的历史，用琴瑟鸣奏江城的变迁，用艺术的语言诠释人与这座城市的和谐，它把建筑、环境、历史、文化、思想、艺术融于一体，以一种亲和的形式展现在人们面前，并始终以不断创新的精神，紧贴城市脉动，以独特的文化风景展示着南通兼容并蓄的城市魅力，深层滋养着市民群众朴实而又飞扬的文化精神，为灵动的濠河增添了丰厚的文化底蕴，为广大市民尤其是进城务工的新市民奉献着丰美的文化大餐。

渐渐变美的濠河，吸引了越来越多投资商的眼球。一批房地产、商业、会所等项目，纷纷拥向濠河周边。曾有数家开发商打起了东濠河等黄金地段的主意，准备开发商品房，

濠河边的中日友谊阁

美丽的南通城

并做好了方案。濠河美景不能成为少数人的“私家花园”，南通市政府予以断然拒绝，提出要把濠河打造成生活型风景区，让濠河美景融入市民日常生活。作为著名的风筝之乡，许多市民喜欢放风筝，市政府投资上亿元，扩建了占地11公顷的生态绿地濠东绿苑。在这个风景优美的敞开式大公园中，摆弄风筝的市民可以尽情放飞自己的喜悦。

历年来，南通为国家输送了一大批体育人才，从1988年的汉城到2008年的北京，连续5届奥运会，南通届届见金牌、届届出新人，被誉为“世界冠军的摇篮”，并赢得了“体育之乡”的美誉。2008年8月12日，成为北京奥运名副其实的“南通日”——南通籍运动员黄旭、陈若琳、仲满在各自比赛项目上分别赢得金牌，刮起了北京奥运赛场的“南通旋风”。新华社当晚发出专稿《群众体育催开竞技体育之花——江苏南通一天出3位奥运

更俗剧院夜景

体育广场

冠军的启示》。8 月 21 日，陈若琳在闪着宝石蓝的北京水立方，以完美极致的精彩一跳，再次折桂，夺回久违了 12 年的女子 10 米跳台冠军。至此，南通籍运动员在北京奥运会上喜获四金一银一铜、一个第五名、3 个第六名，金牌总数、奖牌总数、获奖人数均创历史新高。南通先后有 15 位世界冠军、7 位奥运冠军登上国旗飘扬、国歌回荡的颁奖台，为祖

位于濠河南岸的中国体育博物馆南通馆

国赢得了荣誉。南通人有理由骄傲。8月27日，南通市人大常委会通过决议，将8月12日定于“南通体育日”，以资进一步光大奥林匹克精神，推进全民体育健身运动。

位于西南濠河的体育公园，是一座包含各种风格特色的建筑和各种健身器材在内的大型公园。这座体育公园占地6.5公顷，以全民健身为主体，具有健身、运动、娱乐休闲、观光旅游等综合性功能。与其他公园不同的是，它更体现南通体育文化特色，凸显奥运精神。

公园主要由东西两大块构成，西部是体育纪念广场，东部是体育博物馆，连接两者的是一条独具特色的“奥运之路”。这条“奥运之路”是体育公园的一大亮点，在弯曲的沿河步行道上，穿插了南通籍奥运冠军和世界冠军的手印、脚印和纪念奥运历史的雕塑，象征通往奥运的成功之路。体育公园与其他公园的不同之处，在于它充分利用空间资源向人们展示了地面和地下两个空间。整个体育公园总体功能布局由七部分组成，而这七大部分则构成支撑全局的人文生态复合轴线。另外，沿路步行道自然弯曲延伸，将七大功能区有机串联，形成富有流动感的布局结构，体现了公园的体育文化内涵和都市品格。

南通还集聚各方面的智慧和力量，建设了“环濠河博物馆群”。这其中包括修建了博物苑新馆，保护性修复了张謇纪念馆、图书馆和师范学校，建造了纺织博物馆、城市博物馆、珠算博物馆、蓝印花布艺术馆、风筝博物馆等10多个新馆，形成了“环濠河博物馆群”，成为南通旅游的一大亮点。

位于北濠河畔的珠算博物馆

位于濠东绿地的蓝印花布艺术馆

濠河与远处的狼山

南通博物苑全景

濠河一隅

英国海丁海德斯公司准备扩大在华投资时，考察了10个城市。最后一站到了南通，立即选择了南通。公司总裁说："要素成本低、政府效率高等等都是原因，但不完全。还有一个重要因素是穿城而过的濠河能让我保持欧洲的生活水准。"

伴随着濠河的变美，景区的管理体制也进行了重大改革。爱护濠河成为众多南通市民的自觉行动。濠河风景名胜区管理处主任陈德华透露，近年来，景区管理处积极引导社会各界开展"保护母亲河"行动，与沿河120个企事业单位、32个居委会、9所中小学、5个街办、4个村委会以及沿河400户居民全部签订了《爱河公约》，形成了全社会共建共管濠河的管理网络，为全面保护濠河水质创造了良好的外部环境。上千平方米的绿地，由近旁的9所中小学签"领养"合同，发动学生定期捡垃圾，修草坪。热爱濠河，人人参与管理濠河，在南通已成风气。

如今的濠河，就像都市里的一座大公园，成了市民晨练、休闲、散步的好去处。夜幕时分，华灯初上，漫步濠河，五彩斑斓的灯光将沿河风光、历史人文景观照映得格外绚丽多姿，构成了南通最具特色的靓丽风景。

一位已经在南通生活了30多年的老人说："现在，每天早上来濠河边锻炼、晚上来濠河边散步，已经成了我生活中最重要、最愉快的事情。"

身经百战的迟浩田将军在视察濠河生态风景区后，激情赋诗，盛赞濠河："你不是泰晤士胜似泰晤士，你不是塞纳河赛过塞纳河，你并非威尼斯，那不眠的斑斓灯火，却引得如织游人流连蹉跎……"

中国加入世界贸易组织首席谈判代表龙永图在夜游濠河后，以举世闻名的"铁嘴钢牙"，赞美濠河所在的城市："有了这条美丽的濠河，南通堪称东方的阿姆斯特丹！"

美国国家规划协会秘书长索夫·索尔在游览了濠河后，发出由衷的赞叹："濠河最迷

濠东绿地

濠西雪景

人的地方，就是市民百姓融入其中，尽情享受美景。”

2005 年，濠河整治工程荣获建设部颁发的“全国人居环境范例奖”。

滨江公园

濠河边的现代建筑

壮观的宁通高速立交桥

从濠河整治起步，以建设环境友好型社会为目标，南通城乡一体正精心装扮自己，努力建设一座具有“江风海韵”特色的滨江与山水园林城市

濠河的变迁，是南通建设宜居生态环境的一个缩影。

“既要增加GDP，又要减少COD”，这是南通市委、市政府反反复复强调的发展观和政绩观。为此，南通市积极推进环保民心工程，突出解决危害群众健康的环境热点和难点问题，努力建设与全面小康社会相适应的生产生活环境。几年来，全市共否决选址不当、污染严重、浪费资源、不符合产业政策的项目130多个。在全国47个重点城市环境综合整治定量考核中，南通由2001年的倒数第五位跃升至2005年的前第五位，并连续4年列江苏省首位。在环境质量的改善方面，全市环境空气质量良好以上的天数始终保持在88%以上；2002年，长江南通段近岸带水质为四类，2005年上升到二类并保持至今；全市近岸海域水质达到功能区水质要求，重点滩涂养殖区水质符合国家渔业标准；沿江生态保护建设面积拓展到前沿区域的67.5%，自然保护区覆盖率由2001年的1.83%上升到2005年的8.82%。2005年，南通跻身全国最安静城市行列。2006年，南通市被联合国环境规划署和国家环保总局授予“保护臭氧层示范城市”称号。

在南通，节能减排意识已经深入人心。

狼山与新城区

园博园鸟瞰

南通醋酸纤维有限公司成为全国首批8家环境友好企业之一。

丁大卫市长说："我们既要金山银山，更要绿水青山。南通的实践表明，节能减排、保护环境，有了绿水青山，才能更好地去挣金山银山。"2005年4月，中共中央政治局常委、全国政协主席贾庆林视察南通时高度评价南通呈现出的"十升十降"趋势。他说，经济总量上去了，排污总量下降了；经济效益上去了，能源消耗下降了，这很好，完全符合科学发展观的要求。

如果说，濠河的综合整治为城市的灵魂塑造出独特个性，是城市的"心"，而沿河、沿路一直延伸到广大农村的绿，则扩大了城市"肺"。这是濠河的延伸，是濠河整治理念的升华。

经过不懈努力，南通城市主干道绿地面积占道路总面积的32.03%，城市道路绿化普及率达到100%。结合旧城改造，采用拆违建绿、拆房增绿、破墙透绿、立体添绿等有效措施，因地制宜开展单位和居住区绿化，园林式单位、园林式小区的数量和质量不断提高。到2007年底，南通市已有园林式单位156家，占总数的64.46%；建成园林式居住区56个，占总数的60.87%。建成区绿化覆盖率41.6%、绿地率36.3%，市区人均公共绿地面积达9.3平方米，各项指标均达到了国家园林城市标准，南通的人居环境得以明显改善。

南通经济技术开发区把科学发展、和谐发展列入发展规划，不断加大环境保护的建设

梅林春晓

力度，使环境建设和环保投入成为招商引资、经济发展的重要保障。该区不仅明确规定重污染项目、环保措施不达标项目一律不予以落户，而且大力发展循环经济，建设资源高效利用的产业链。经过持续有效的创建努力，开发区的区域绿化率高达40.5%，生活污水、工业污水排放达标率、环境影响评价执行率均达到100%，天更蓝，水更清，树更绿，花更艳，投资环境更加优美,被国家环境保护总局批准为“ISO14000国家示范区”。

狼山风景区，是南通精心规划和建设的另一个风景名胜区。狼山，是全国八小名山之一，因是大势至菩萨的道场而闻名遐迩。大势至菩萨与阿弥陀佛、观音菩萨被佛界称作“西方三圣”，由此可见其在佛界的地位。而在民间，狼山因供奉在江淮大地广行善事、广结善缘的僧伽，也就是老百姓所说的大圣菩萨，更有名气。

狼山与其紧邻的军山、剑山、马鞍山、黄泥山，合称“狼五山”，矗立在长江岸边，绵延数公里。登临山顶可观海阔天空的水天美色，可览阡陌交通的田园风光。广袤平原突现五山矗立的自然奇观，以中国人最喜欢的口彩为“崇川福地”作了最好的注释：“金木水火土”五行齐全，“福禄寿喜财”联袂而来。

改革开放后，狼山风景区首先得到保护和修缮。1982年重建法乳堂时，南通籍著名画家范曾精心创作了18幅高僧画像，委托北京工艺美术制品厂烧制成瓷画，供奉在法乳堂两侧，如今已成为我国佛门瑰宝。

如皋水绘园

山顶的支云塔，是1000多年前智幻和尚住持狼山广教寺时为纪念僧伽大师而建造的。当江海平原从晨曦中苏醒，远看支云塔，犹如香烟袅袅的一支高香，默默为江南江北的百姓祈福。1982年和2001年，广教寺曾斥资对支云塔大修两次。

近几年，狼山风景区先后对军山和剑山进行了保护性开发，还投入数亿元资金，建设了狼山东大门绿地、謇园、黄马山景区、滨江公园等大型绿地。随着第五届江苏省园艺博览会在南通举办，南通又投资4.2亿元，打造了汇集全省园林园艺精品的园艺博览园。园艺博览园和滨江公园的建设，改变了狼山周边原先“脏乱差”的现象，使狼山的风景更加秀美，环境更加宜人。

南通所辖的县（市、区）也纷纷盘点自己有形和无形的历史文化遗产，从经济与人文并举、环境与效率双赢、人与自然共生的高度，来规划美好未来，建设和谐家园，并把旅游资源的开发放到了重要位置。

如皋市的历史文化底蕴深厚。天下名园水绘园和千年古刹定慧寺是游人必去之处。水绘园是全国重点文物保护单位，始建于明朝万历年间，迄今已有400多年的历史。水绘园，以水为贵，倒影为佳，恰似一幅淡雅高洁、意境幽远的山水画。而明末清初江南才子冒辟疆与金陵名姬董小宛的逸事珍闻，使园里的亭台楼阁、花木池石无不具有空灵脱俗的神韵。定慧寺坐落在如皋古城东南内城河畔，建于隋开皇十一年（公元591年），为南通境内最古老的寺院。近年来，如皋适应时代发展的趋势和富裕起来的人们的新追求，充分发挥如皋“盆景之乡”、“长寿之乡”和紧临长江的优势，开发了具有地域和人文特色的“长绿之旅”“长寿之旅”和“长江之旅”，吸引了苏南和上海越来越多的游客。

海安县除了努力保护好全国重点文物保护单位——青墩新石器时代遗址，将世界上最大的刺刀——苏中七战七捷纪念碑扩建成苏中七战七捷纪念馆外，还充分利用建于黄海之滨老坝港的江苏中洋集团股份有限公司的科研生产基地——龙洋公司，努力打造“江海美食之旅”的品牌。龙洋公司占地4000亩，是国内目前最大的花园

长寿之乡

恬桥

假日踩蛤

式生态型特种水产养殖企业，人工养殖无毒河豚、长江鮰鱼、长江鲟鱼和长江刀鱼等名贵鱼种。尤其是无毒河豚，公司拥有野生纯种长江河豚亲鱼6000尾，是世界上现存量最多的野生河豚亲鱼库，年繁殖鱼苗约1000万尾，养殖成鱼400万尾以上。由于野生河豚"家化控毒及健康技术"达到国际先进水平，并采用拟自然生态环境进行养殖，这里养殖的河豚鱼营养价值和口感风味较野生的长江河豚更胜一筹。人工养殖的长江鮰鱼、长江刀鱼也令前来参观和品尝者赞不绝口。

启东市寅阳镇的圆陀角位于江苏省陆地的最东端，是万里长江的入海口，在圆陀角风景区可以看到闻名遐迩的日出景观，还可以观赏到长江、黄海、东海三水交汇处的壮丽景象。

海门市东灶港外的浅海中，有一座似山非山、似岛非岛，潮涨被淹、潮退露头的生物礁岛——蛎蚜山。蛎蚜山距海岸约4海里，由大小不等的30多个牡蛎壳体堆积组合而成，呈东西走向，东西长约2.5公里，南北宽约1.7公里。岛礁上贝壳遍地，除了盛产牡蛎外，还有海葵、海螺、泥螺、螃蟹、竹节虾等随处可见。蛎蚜山是海门近年开发的一个海洋生态景观旅游新景点。

此外，通州的古镇石港水乡原生态一日游、江心开沙岛生态游，如东的"空中交响乐曲"（海边放南通独特的哨口风筝）"海上迪斯科"（滩涂踩文蛤）也吸引了海内外的大批

人们在濠河边休憩

游客。

市县同心，城乡一体，充分利用濒江临海、河网密布的地理优势和南北交会的人文优势，把南通建设成为“江风海韵北上海”，建设成最适宜人居住和创业的山水园林城市和生态旅游城市，是南通人民的共同期望。

绿色开沙岛

“中国乒乓球通州训练基地”落户开沙岛

尾声

前无古人、气势磅礴的改革开放大潮，使中国这条东方巨龙开始腾飞，使中华民族的伟大复兴正在一步一步得以实现。

气象万千的中国东海岸，被誉为黄金海岸；浩荡东去的长江水道，被誉为黄金水道。也正是前无古人、气势磅礴的改革开放大潮，给与上海同处在黄金海岸和黄金水道交汇处的南通，带来了千载难逢的发展机遇，使潜在的区位优势一步步变为跨越发展的现实优势。

改革开放30年来，南通获得了富有特色的全面、协调、和谐的发展。而苏通长江大桥建成通车、洋口大港的建成通航，以及沪通铁路、沪崇启（上海—崇明—启东）过江通道、崇海（崇明—海门）大桥等重大工程的开工建设，使正在崛起的南通，在下一轮大发展中占尽天时、地利、人和。

2007年，南通所辖的海门市成为江苏江北首个全面小康县（市）。按照“更快、更全、更高、更实”的要求，南通力争在2009年、确保在2010年建成江北首个小康县（市）群，提前实现全面小康的奋斗目标。

更为外界关注、更让南通人振奋的，是沪苏通“小金三角”概念的提出。从区域发展板块上看，长三角堪称中国的一个“大金三角”。而地处长三角北翼的南通，与隔江相望的上海、苏州构成的“小金三角”，是“大金三角”的核心区域。把沪苏通区域整体打造成为长三角地区经济最发达、城市功能最完备、一体化程度最高、集聚辐射能力最强的新型城市组团，使南通在真正意义上融入苏南、接轨上海。这是新世纪南通人更宏大的梦想、更壮丽的蓝图。这一构想，被视为南通“融入苏南、接轨上海”战略的延伸和拓展，是南通全面走向世界的又一个具有划时代意义的里程碑。

有人把万里长江比作一条巨龙，在长江入海口龙头的位置，南岸的上海和北岸的南通好比巨龙的两只眼睛。上海这只眼睛是睁开的，而且越睁越大，越睁越圆；而南通这只眼睛，长期以来是闭着的，现在也才微微睁开。只要这两只眼睛都睁大了、睁圆了，巨龙就会更快更高地腾飞。从这个比喻中可以看出，越来越多的人看好南通，越来越多的人对南通在区域发展中的地位和作用寄予厚望。

今天，“小金三角”中南通这只“角”相比还较小，长江这条巨龙龙头上南通这只“龙眼”还没有睁大睁圆。南通，需要拿出更大的魄力和智慧来继续追江赶海、跨江越海，争取实现更高水平、更大步伐、更加协调的跨越发展，把“小金三角”北边这只“角”做大做强，使“巨龙”另一只“龙眼”也睁大睁圆。

更新更美的蓝图已经绘就，更大更高的目标已经确定。对770万南通人民来说，解放思想永无止境，改革开放勇立潮头，他们有更宏大的抱负、更高远的目标，那就是为中华民族的伟大复兴，为中华巨龙的昂首腾飞做出更大的贡献！

入海口夕照

后记

改革开放30年来发生的变化和取得的成就，注定要写入人类发展史。

当初噤若寒蝉的许多话题，如今成为耳熟能详的常识常情；当初围堵禁止的许多做法，如今正被政府积极提倡鼓励；当初视为天方夜谭的许多梦想，如今一一变为现实……

每一页，都精彩辉煌，激动人心。

每一步，都历尽艰辛，披荆斩棘。

回顾、总结30年来的历程，不是为了陶醉，而是为了汲取经验教训，以励来兹，继续坚定不移地解放思想，按照科学发展观，以人为本，开创更加和谐的美好明天。

南通卷由南通市委宣传部和南通日报社有关同志集体讨论策划。他们有：徐仁祥、李存玉、康贻华、范计春、梁玉飞、沈玉成、刘文新、王炜、蔡云飞、季海卫。贡献创意的还有尤世玮、吴声和、成继唐、杨中坚、吴信林等。

本书主笔、统稿是沈玉成。

参与部分章节写作、提供资料的有：朱晖斌、赵彤、裴立新、郑建文、朱采菊、苗蓓、朱蓓宁、杨新明、赵勇进、王敏欢、汤晓峰、沈雪梅、张健、陆军、孙学明、成锦如、赵明远、陈炅等。

文前照片配诗作者是冯新民。

南通市纪委，南通市委办、政法委，市政府办、教育局、统计局、邮政局，各县（市、区）委宣传部等部门和单位阅读了初稿，并提出了宝贵的修改意见。市委办黄巍东、徐兴林、唐建泉等对书稿的修改多次提出重要的指导意见。

本书图片选自南通市委宣传部和南通日报社资料库。摄影者有：贾涛根、朱新通、丁晓春、尤炼、江建华、吴庆、吴振华、何剑荣、周全、葛克平、彭常青、赵志勇、黄友谊、张剑肥等。少数照片资料当时没有注明作者，在此谨致歉意，并请作者与我们联系。

本书在写作过程中，参考了有关文史书籍和新闻报道资料，限于体例，没有一一注明，特此说明并对有关作者表示感谢。

南通市委常委、宣传部部长张小平审阅了全部书稿。

衷心感谢30年来为南通的发展殚精竭虑的各级领导同志和奋力拼搏的广大劳动者。你们创造的历史，是我们写作的源泉。

衷心感谢省委宣传部副部长周世康为本书作序。

衷心感谢中国青年出版总社的领导和编辑李晓丽、王飞宁对我们写作的指导。

我们想写一本完美的书，我们想尽情表达自己的感受，但是，在史无前例的历史巨变面前，我们明显感到力不从心，词不达意，力不能逮，挂一漏万和不足、差错之处，期待读者朋友的批评指正。

中共南通市委宣传部

南通日报社

2008年9月1日